Saveurs de la Chine
L'Art Culinaires de la Cuisine Chinoise

Wei Chen

Résumé

Bœuf croustillant à la sauce curry *10*
Curry de bœuf mijoté *11*
Bœuf rôti au curry *12*
Boeuf à l'ail *13*
Bœuf au gingembre *14*
Boeuf cuit rouge au gingembre *16*
Boeuf aux haricots verts *17*
Bœuf chaud *18*
Straccetti de bœuf chaud *19*
Boeuf au Mangetout *21*
Bœuf mariné *22*
Boeuf et champignons sautés *23*
Bœuf mariné *24*
Boeuf Braisé Aux Champignons *26*
Bœuf sauté aux nouilles *28*
Boeuf aux nouilles de riz *29*
Boeuf aux oignons *30*
Boeuf et petits pois *31*
Pied de bœuf sauté aux oignons *32*
Bœuf aux écorces d'orange séchées *33*
Boeuf à la sauce d'huîtres *34*
Boeuf aux poivrons *35*
Steak au poivre *36*
Boeuf aux poivrons *37*
Lanières de rôti de bœuf aux poivrons verts *38*
Boeuf aux cornichons chinois *39*
Steak aux pommes de terre *40*
Boeuf cuit rouge *41*
Bœuf savoureux *42*
Le bœuf haché *43*
Bœuf haché à la familiale *44*

Bœuf haché assaisonné	*46*
Boeuf mariné aux épinards	*47*
Bœuf aux haricots noirs et oignons nouveaux	*48*
Rôti de bœuf aux oignons nouveaux	*50*
Boeuf et oignons nouveaux avec sauce de poisson	*51*
Bœuf cuit à la vapeur	*52*
Ragoût de bœuf	*53*
Poitrine braisée	*54*
Rôti de bœuf	*55*
Lanières de steak	*57*
Bœuf vapeur aux patates douces	*58*
Filet de bœuf	*59*
Pain au rosbif	*60*
Tofu au bœuf Tofu au piment	*61*
Boeuf aux tomates	*62*
Boeuf rouge cuisiné aux navets	*63*
Boeuf aux légumes	*64*
Ragoût de bœuf	*66*
Steak farci	*67*
Raviolis au boeuf	*68*
Boulettes de viande croustillantes	*70*
Bœuf haché aux noix de cajou	*71*
Boeuf à la sauce rouge	*72*
Boulettes de bœuf au riz gluant	*73*
Boulettes de viande à la sauce aigre-douce	*74*
Pouding à la viande cuit à la vapeur	*77*
Viande hachée cuite à la vapeur	*78*
Bœuf haché à la sauce d'huîtres	*79*
Rouleaux de boeuf	*80*
Boulettes de boeuf et épinards	*81*
Bœuf sauté au tofu	*82*
Agneau aux asperges	*83*
carré d'agneau	*84*
Agneau aux haricots verts	*85*
agneau bouilli	*86*
Agneau au brocoli	*87*

Agneau aux châtaignes d'eau	*88*
Agneau au chou	*89*
Chow Mein à l'Agneau	*90*
Curry d'agneau	*92*
Agneau parfumé	*93*
Cubes d'agneau grillés	*94*
Agneau au Mangetout	*95*
Agneau mariné	*96*
Agneau aux champignons	*97*
Agneau à la sauce d'huîtres	*98*
Agneau cuit rouge	*99*
Agneau aux oignons nouveaux	*100*
Steaks d'agneau tendres	*101*
ragoût d'agneau	*102*
Agneau rôti	*104*
Agneau et Légumes	*105*
Agneau au tofu	*107*
Agneau rôti	*109*
Rôti d'agneau à la moutarde	*110*
Poitrine d'agneau farcie	*111*
Agneau au four	*112*
Agneau et riz	*113*
Agneau de saule	*114*
Porc aux amandes	*115*
Porc aux pousses de bambou	*116*
Porc grillé	*117*
Chou Porc Et Haricots	*118*
Poulet aux pousses de bambou	*120*
Jambon cuit à la vapeur	*121*
Bacon Au Chou	*122*
Poulet aux amandes	*123*
Poulet aux amandes et châtaignes d'eau	*125*
Poulet aux amandes et légumes	*126*
Poulet à l'anis	*127*
Poulet aux abricots	*129*
Poulet aux asperges	*130*

Poulet aux aubergines	*131*
Poulet enveloppé dans du bacon	*132*
Poulet aux germes de soja	*133*
Poulet à la sauce aux haricots noirs	*134*
Poulet au brocoli	*135*
Poulet au chou et cacahuètes	*136*
Poulet aux noix de cajou	*137*
Poulet aux châtaignes	*139*
Poulet épicé au piment	*140*
Poulet frit au chili	*141*
Poulet chinois	*143*
Poulet chow mein	*145*
Poulet frit croustillant et épicé	*146*
Poulet frit aux concombres	*148*
Curry de poulet au piment	*149*
Curry de poulet chinois	*150*
Curry de poulet rapide	*151*
Curry de poulet aux pommes de terre	*152*
Cuisses de poulet frites	*153*
Poulet frit à la sauce curry	*154*
poulet ivre	*155*
Poulet salé à l'oeuf	*157*
Nems au poulet	*158*
Ragoût de poulet aux œufs	*161*
Poulet d'Extrême-Orient	*163*
Poulet Foo Yung	*164*
Foo Yung au jambon et au poulet	*165*
Poulet frit au gingembre	*166*
Poulet au Gingembre	*167*
Poulet au gingembre, champignons et châtaignes	*168*
Poulet doré	*169*
Ragoût de poulet doré mariné	*170*
Pièces d'or	*172*
Poulet vapeur au jambon	*173*
Poulet à la sauce Hoisin	*174*
Poulet au miel	*175*

poulet "Kung Pao	176
Poulet aux poireaux	177
Poulet au citron	178
Poulet poêlé au citron	180
Foie de volaille aux pousses de bambou	181
Foies de poulet frits	182
Foie de volaille aux pois mange-tout	183
Foie de poulet avec crêpes aux nouilles	184
Foie de poulet à la sauce d'huîtres	185
Foie de poulet à l'ananas	186
Foie de poulet aigre-doux	187
Poulet aux litchis	188
Poulet à la sauce litchi	189
Poulet aux pois mange-tout	191
Bébé mangue	192
Pastèque farcie au poulet	193
Poulet frit et champignons	194
Poulet aux champignons et noisettes	195
Poulet frit aux champignons	197
Poulet vapeur aux champignons	198
Poulet aux oignons	199
Poulet à l'orange et au citron	200
Poulet à la sauce d'huîtres	201
Paquets de poulet	202
Poulet aux noisettes	203
Poulet au beurre de cacahuète	204
Poulet aux petits pois	205
Poulet laqué	206
Poulet aux poivrons	207
Poulet frit aux poivrons	209
Poulet et ananas	211
Poulet à l'ananas et litchi	212
Poulet au Porc	213
Ragoût de poulet aux pommes de terre	214
Poulet aux cinq épices et pommes de terre	215
Poulet cuit rouge	216

Boulettes de poulet *217*
Poulet salé *218*
Poulet à l'huile de sésame *219*
Poulet Xérès *220*
Poulet à la sauce soja *221*
Poulet au four épicé *222*
Poulet aux épinards *223*
Rouleaux de printemps au poulet *224*

Bœuf croustillant à la sauce curry

Vous en portez 4

1 oeuf battu
15 ml/1 cuillère à soupe de farine de maïs (amidon de maïs)
5 ml/1 cuillère à café de bicarbonate de sodium (bicarbonate de sodium)
15 ml/1 cuillère à soupe de vin de riz ou de xérès sec
15 ml/1 cuillère à soupe de sauce soja
225 g/8 oz de bœuf maigre, tranché
90 ml/6 cuillères à soupe d'huile
100 g de pâte de curry

Mélangez l'œuf, la semoule de maïs, le bicarbonate de soude, le vin ou le xérès et la sauce soja. Incorporer le bœuf et 15 ml/1 cuillère à soupe d'huile. Faites chauffer le reste de l'huile et faites revenir le mélange de bœuf et d'œufs pendant 2 minutes. Retirez la viande et égouttez l'huile. Ajoutez la pâte de curry dans la poêle et portez à ébullition, puis remettez le bœuf dans la poêle, mélangez bien et servez.

Curry de bœuf mijoté

Vous en portez 4

45 ml/3 cuillères à soupe d'huile d'arachide (cacahuète).
5 ml/1 cuillère à café de sel
1 gousse d'ail, écrasée
450 g de rôti de bœuf, coupé en dés
4 oignons nouveaux (oignons verts), tranchés
1 tranche de racine de gingembre, hachée
30 ml/2 cuillères à soupe de curry en poudre
15 ml/1 cuillère à soupe de vin de riz ou de xérès sec
15 ml/1 cuillère à soupe de sucre
400 ml/14 fl oz/1 tasse de bouillon de bœuf
15 ml/1 cuillère à soupe de farine de maïs (amidon de maïs)
45 ml/3 cuillères à soupe d'eau

Faites chauffer l'huile et faites revenir le sel et l'ail jusqu'à ce qu'ils soient dorés. Ajouter le steak et arroser d'huile, puis ajouter les oignons nouveaux et le gingembre et faire revenir jusqu'à ce que la viande soit dorée de tous les côtés. Ajoutez la poudre de curry et faites revenir 1 minute. Ajoutez le vin ou le xérès et le sucre, puis ajoutez le bouillon, portez à ébullition, couvrez et laissez mijoter environ 35 minutes jusqu'à ce que la viande soit tendre. Mélangez la semoule de maïs et l'eau pour obtenir une pâte, mélangez avec la sauce et faites cuire en remuant jusqu'à ce que la sauce épaississe.

Bœuf rôti au curry

Vous en portez 4

225 g de bœuf maigre
30 ml/2 cuillères à soupe d'huile d'arachide (cacahuète).
1 gros oignon, tranché
30 ml/2 cuillères à soupe de curry en poudre
1 tranche de racine de gingembre, hachée
15 ml/1 cuillère à soupe de vin de riz ou de xérès sec
120 ml/4 fl oz/¬Ω tasse de bouillon de bœuf
5 ml/1 cuillère à café de sucre
15 ml/1 cuillère à soupe de farine de maïs (amidon de maïs)
45 ml/3 cuillères à soupe d'eau

Tranchez finement la viande contre le grain. Faites chauffer l'huile et faites revenir l'oignon jusqu'à ce qu'il devienne translucide. Ajoutez le curry et le gingembre et faites revenir quelques secondes. Ajouter le bœuf et faire revenir jusqu'à ce qu'il soit doré. Ajoutez le vin ou le xérès et le bouillon, portez à ébullition, couvrez et laissez mijoter environ 5 minutes jusqu'à ce que la viande soit bien cuite. mélanger le sucre,

semoule de maïs et eau, mélanger dans une casserole et cuire en remuant jusqu'à ce que la sauce épaississe.

Boeuf à l'ail

Vous en portez 4

350 g/12 oz de bœuf maigre, tranché
4 gousses d'ail, coupées en tranches
1 poivron rouge, tranché
45 ml/3 cuillères à soupe de sauce soja
45 ml/3 cuillères à soupe d'huile d'arachide (cacahuète).
5 ml/1 cuillère à café de farine de maïs (amidon de maïs)
15 ml/1 cuillère à soupe d'eau

Mélangez le bœuf avec l'ail, le piment et 30 ml/2 cuillères à soupe de sauce soja et laissez reposer 30 minutes en remuant de temps en temps. Faites chauffer l'huile et faites frire le mélange de bœuf pendant quelques minutes jusqu'à ce qu'il soit presque cuit. Mélangez le reste des ingrédients pour obtenir une pâte, remuez dans la poêle et continuez à frire jusqu'à ce que le bœuf soit cuit.

Bœuf au gingembre

Vous en portez 4

15 ml/1 cuillère à soupe d'huile d'arachide (cacahuètes).
450 g de bœuf maigre, tranché
1 oignon, tranché finement
2 gousses d'ail, hachées
2 morceaux de gingembre confit, tranché finement
15 ml/1 cuillère à soupe de sauce soja
150 ml/¬° pour/généreuse ¬Ω tasse d'eau
2 branches de céleri, coupées en diagonale
5 ml/1 cuillère à café de sel

Faites chauffer l'huile et faites revenir la viande, l'oignon et l'ail jusqu'à ce qu'ils soient légèrement dorés. Ajouter le gingembre, la sauce soja et l'eau, porter à ébullition, couvrir et laisser mijoter

25 minutes. Ajoutez le céleri, couvrez et laissez cuire encore 5 minutes. Saupoudrer de sel avant de servir.

Boeuf cuit rouge au gingembre

Vous en portez 4

450 g de bœuf maigre
2 tranches de racine de gingembre, hachées
4 oignons nouveaux (oignons), hachés
120 ml/4 fl oz/¬Ω tasse de sauce soja
60 ml/4 cuillères à soupe de vin de riz ou de xérès sec
400 ml/14 fl oz/1 tasse d'eau
15 ml/1 cuillère à soupe de cassonade

Placer tous les ingrédients dans une casserole à fond épais, porter à ébullition, couvrir et laisser mijoter en retournant de temps en temps jusqu'à ce que la viande soit tendre, environ 1 heure.

Boeuf aux haricots verts

Vous en portez 4

225 g de steak, tranché finement
30 ml/2 cuillères à soupe de farine de maïs (amidon de maïs)
15 ml/1 cuillère à soupe de vin de riz ou de xérès sec
15 ml/1 cuillère à soupe de sauce soja
30 ml/2 cuillères à soupe d'huile d'arachide (cacahuète).
2,5 ml/¬Ω cuillère à café de sel
2 gousses d'ail, hachées
225 g de haricots verts
225 g de pousses de bambou, tranchées
50 g de champignons tranchés
50 g de châtaignes d'eau tranchées
150 ml/¬° pt/ohm tasse de soupe au poulet

Placez le steak dans un bol. Mélangez 15 ml/1 cuillère à soupe de fécule de maïs, de vin ou de xérès et de sauce soja, incorporez à la viande et laissez mariner pendant 30 minutes. Faites chauffer l'huile avec le sel et l'ail et faites revenir jusqu'à ce que l'ail soit légèrement doré. Ajoutez le bœuf et la marinade et faites revenir 4 minutes. Ajouter les haricots et faire revenir pendant 2 minutes. Ajouter les autres ingrédients, porter à ébullition et laisser mijoter 4 minutes. Mélangez le reste de la semoule de maïs avec un

un peu d'eau et mélangez-la à la sauce. Cuire en remuant jusqu'à ce que la sauce soit claire et épaissie.

Bœuf chaud

Vous en portez 4

450 g de bœuf maigre

6 oignons nouveaux (oignons), tranchés

4 tranches de racine de gingembre

15 ml/1 cuillère à soupe de vin de riz ou de xérès sec

15 ml/1 cuillère à soupe de sauce soja

4 piments rouges séchés, hachés

10 grains de poivre

1 gousse d'anis étoilé

300 ml/¬Ω pour/1¬° tasse d'eau

2,5 ml/¬Ω cuillère à café d'huile de piment fort

Mettez la viande dans un bol avec 2 oignons nouveaux, 1 tranche de gingembre et la moitié du vin et laissez mariner 30 minutes. Portez une grande casserole d'eau à ébullition, ajoutez le bœuf et laissez cuire jusqu'à ce qu'il soit fermé.

de tous les côtés, puis retirez-les et égouttez-les. Mettez le reste de la ciboule, le gingembre et le vin ou le xérès dans une casserole avec les piments, les grains de poivre et l'anis étoilé et ajoutez l'eau. Portez à ébullition, ajoutez la viande, couvrez et laissez mijoter environ 40 minutes jusqu'à ce que la viande soit tendre. Retirez la viande du liquide et égouttez-la bien. Tranchez-le finement et disposez-le sur une assiette de service chaude. Il est servi arrosé d'huile de piment.

Straccetti de bœuf chaud

Vous en portez 4

150 ml/¬° pour/généreuse ¬Ω tasse d'huile d'arachide (cacahuètes).

450 g de bœuf maigre, tranché contre le grain

45 ml/3 cuillères à soupe de sauce soja
15 ml/1 cuillère à soupe de vin de riz ou de xérès sec
1 tranche de racine de gingembre, hachée
1 poivron rouge séché, haché
2 carottes, hachées
2 branches de céleri, coupées en diagonale
10 ml/2 cuillères à café de sel

225 g/8 oz/1 tasse de riz à grains longs

Faites chauffer les deux tiers de l'huile et faites braiser le bœuf, la sauce soja et le vin ou le xérès pendant 10 minutes. Retirez la viande et réservez la sauce. Faites chauffer le reste de l'huile et faites revenir le gingembre, le poivron et les carottes pendant 1 minute. Ajouter le céleri et faire revenir 1 minute. Ajouter la viande et le sel et faire revenir 1 minute.

Pendant ce temps, faites cuire le riz dans l'eau bouillante pendant environ 20 minutes jusqu'à ce qu'il soit tendre. Bien égoutter et disposer sur une assiette de service. Verser sur le mélange de bœuf et la sauce piquante.

Boeuf au Mangetout

Vous en portez 4

225 g de bœuf maigre
30 ml/2 cuillères à soupe de farine de maïs (amidon de maïs)
5 ml/1 cuillère à café de sucre
5 ml/1 cuillère à café de sauce soja
10 ml/2 cuillères à café de vin de riz ou de xérès sec
30 ml/2 cuillères à soupe d'huile d'arachide (cacahuète).
2,5 ml/¬Ω cuillère à café de sel
2 tranches de racine de gingembre, hachées
225 g de pois mange-tout (petits pois)
60 ml/4 cuillères à soupe de bouillon de bœuf
10 ml/2 cuillères à café d'eau
poivre fraîchement moulu

Tranchez finement la viande contre le grain. Mélangez la moitié de la semoule de maïs, le sucre, la sauce soja et le vin ou le xérès, ajoutez à la viande et mélangez bien pour enrober. Faites chauffer la moitié de l'huile et faites revenir le sel et le gingembre pendant quelques secondes. Ajouter les pois mange-tout et mélanger pour les enrober d'huile. Ajouter le bouillon, porter à ébullition et bien mélanger, puis retirer les petits pois et le liquide de la poêle. Faites chauffer le reste de l'huile et faites frire le bœuf jusqu'à ce qu'il soit légèrement doré. Remettez les pois mange-tout dans la poêle. mélanger

le reste de semoule de maïs avec l'eau, mélanger dans la casserole et assaisonner de poivre. Faire bouillir en remuant jusqu'à ce que la sauce épaississe.

Bœuf mariné

Vous en portez 4

450 g de rôti de bœuf
75 ml/5 cuillères à soupe de sauce soja
60 ml/4 cuillères à soupe de vin de riz ou de xérès sec
5 ml/1 cuillère à café de sel
15 ml/1 cuillère à soupe de farine de maïs (amidon de maïs)
45 ml/3 cuillères à soupe d'huile d'arachide (cacahuète).
15 ml/1 cuillère à soupe de cassonade
15 ml/1 cuillère à soupe de vinaigre de vin

Incisez le steak à plusieurs endroits et placez-le dans un bol. Mélangez la sauce soja, le vin ou le xérès et le sel, versez sur la viande et laissez reposer 3 heures en retournant de temps en temps. Égouttez la viande et jetez la marinade. Séchez la viande et saupoudrez-la de farine de maïs. Faites chauffer l'huile et faites frire la viande jusqu'à ce qu'elle soit dorée de tous les côtés. Ajoutez le sucre et le vinaigre de vin et suffisamment d'eau pour recouvrir la viande. Porter à ébullition, couvrir et laisser mijoter environ 1 heure jusqu'à ce que la viande soit tendre.

Boeuf et champignons sautés

Vous en portez 4

225 g de bœuf maigre
15 ml/1 cuillère à soupe de farine de maïs (amidon de maïs)
15 ml/1 cuillère à soupe de vin de riz ou de xérès sec
15 ml/1 cuillère à soupe de sauce soja
2,5 ml/¬Ω cuillère à café de sucre
45 ml/3 cuillères à soupe d'huile d'arachide (cacahuète).
1 tranche de racine de gingembre, hachée
2,5 ml/¬Ω cuillère à café de sel

225 g de champignons tranchés
120 ml/4 fl oz/¬Ω tasse de bouillon de bœuf

Tranchez finement la viande contre le grain. Mélangez la semoule de maïs, le vin ou le xérès, la sauce soja et le sucre, incorporez à la viande et mélangez bien pour enrober. Faites chauffer l'huile et faites revenir le gingembre pendant 1 minute. Ajouter le bœuf et faire revenir jusqu'à ce qu'il soit doré. Ajouter le sel et les champignons et bien mélanger. Ajouter le bouillon, porter à ébullition et cuire en remuant jusqu'à ce que la sauce épaississe.

Bœuf mariné

Vous en portez 4

450 g de bœuf maigre, tranché
2 gousses d'ail, hachées
60 ml/4 cuillères à soupe de sauce soja
15 ml/1 cuillère à soupe de cassonade
5 ml/1 cuillère à café de sel
30 ml/2 cuillères à soupe d'huile d'arachide (cacahuète).

Mettez la viande dans un bol et ajoutez l'ail, la sauce soja, le sucre et le sel. Bien mélanger, couvrir et laisser mariner environ 2 heures en les retournant de temps en temps. Égoutter en jetant la marinade. Faites chauffer l'huile et faites frire le bœuf jusqu'à ce qu'il soit doré de tous les côtés, puis servez immédiatement.

Boeuf Braisé Aux Champignons

Vous en portez 4

1 kg de croupe de boeuf
sel et poivre fraîchement moulu
60 ml/4 cuillères à soupe de sauce soja
30 ml/2 cuillères à soupe de sauce hoisin
30 ml/2 cuillères à soupe de miel
30 ml/2 cuillères à soupe de vinaigre de vin
5 ml/1 cuillère à café de poivre fraîchement moulu
5 ml/1 cuillère à café d'anis moulu
5 ml/1 cuillère à café de coriandre moulue
6 champignons chinois séchés
60 ml/4 cuillères à soupe d'huile d'arachide (cacahuètes).
5 ml/2 cuillères à soupe de farine de maïs (amidon de maïs)
15 ml/1 cuillère à soupe d'eau
400 g de tomates en conserve
6 oignons nouveaux (oignons), coupés en lanières
2 carottes, râpées
30 ml/2 cuillères à soupe de sauce aux prunes
60 ml/4 cuillères à soupe de ciboulette hachée

Embrocher la viande plusieurs fois avec une fourchette. Assaisonner de sel et de poivre et placer dans un bol. Mélangez les sauces, le miel, le vinaigre de vin, le poivre et les épices, versez sur la viande, couvrez et laissez mariner une nuit au réfrigérateur.

Faites tremper les champignons dans l'eau tiède pendant 30 minutes, puis égouttez-les. Jetez les tiges et coupez les chapeaux. Faites chauffer l'huile et faites frire la viande jusqu'à ce qu'elle soit dorée, en la retournant souvent. Mélangez la semoule de maïs et l'eau et ajoutez-les à la poêle avec les tomates. Porter à ébullition, couvrir et laisser mijoter pendant environ 1 Ω heures jusqu'à tendreté. Ajoutez les oignons nouveaux et les carottes et poursuivez la cuisson 10 minutes jusqu'à ce que les carottes soient tendres. Incorporer la sauce aux prunes et laisser mijoter 2 minutes. Retirez la viande de la sauce et coupez-la en tranches épaisses. Remettre la sauce à réchauffer, puis servir parsemé de ciboulette.

Bœuf sauté aux nouilles

Vous en portez 4

100 g de nouilles fines aux œufs
30 ml/2 cuillères à soupe d'huile d'arachide (cacahuète).
225 g/8 oz de bœuf maigre, haché
30 ml/2 cuillères à soupe de sauce soja
15 ml/1 cuillère à soupe de vin de riz ou de xérès sec
2,5 ml/¬Ω cuillère à café de sel
2,5 ml/¬Ω cuillère à café de sucre
120 ml/4 fl oz/¬Ω tasse d'eau

Faire tremper les nouilles jusqu'à ce qu'elles soient légèrement tendres, puis égoutter et couper en tronçons de 7,5 cm. Faites chauffer la moitié de l'huile et faites frire la viande jusqu'à ce qu'elle soit dorée. Ajoutez la sauce soja, le vin ou le xérès, le sel et le sucre et faites sauter pendant 2 minutes, puis retirez de la poêle. Faites chauffer le reste de l'huile et faites cuire les nouilles jusqu'à ce qu'elles soient recouvertes d'huile. Remettez le mélange de bœuf dans la casserole, ajoutez l'eau et portez à ébullition. Cuire et faire bouillir environ 5 minutes jusqu'à ce que le liquide soit absorbé.

Boeuf aux nouilles de riz

Vous en portez 4

4 champignons chinois séchés
30 ml/2 cuillères à soupe d'huile d'arachide (cacahuète).
2,5 ml/½ cuillère à café de sel
225 g/8 oz de bœuf maigre, tranché
100 g de pousses de bambou coupées en tranches
100 g de céleri, tranché
1 oignon, tranché
120 ml/4 fl oz/½ tasse de bouillon de bœuf
2,5 ml/½ cuillère à café de sucre
10 ml/2 cuillères à soupe de farine de maïs (amidon de maïs)
5 ml/1 cuillère à café de sauce soja
15 ml/1 cuillère à soupe d'eau
100 g de nouilles de riz
l'huile de friture

Faites tremper les champignons dans l'eau tiède pendant 30 minutes, puis égouttez-les. Jetez les tiges et coupez les chapeaux. Faites chauffer la moitié de l'huile et faites frire le sel et la viande jusqu'à ce qu'ils soient légèrement dorés, puis retirez-les de la poêle. Faites chauffer le reste de l'huile et faites revenir les légumes jusqu'à ce qu'ils soient tendres. Incorporer le bouillon et le sucre et porter à ébullition. Remettez le bœuf dans la poêle, couvrez et laissez cuire 3 minutes. Mélanger la semoule de maïs, la sauce soja et l'eau, ajouter dans la poêle et cuire en remuant jusqu'à ce que le mélange épaississe. Pendant ce temps, faites revenir les nouilles de riz dans l'huile chaude pendant quelques secondes jusqu'à ce qu'elles soient gonflées et croustillantes et servez-les sur la viande.

Boeuf aux oignons

Vous en portez 4

60 ml/4 cuillères à soupe d'huile d'arachide (cacahuètes).

300 g de bœuf maigre coupé en lanières

100 g d'oignon coupé en lanières

15 ml/1 cuillère à soupe de bouillon de poulet

5 ml/1 cuillère à café de vin de riz ou de xérès sec

5 ml/1 cuillère à café de sucre

5 ml/1 cuillère à café de sauce soja

sel

huile de sésame

Faites chauffer l'huile et faites revenir la viande et l'oignon à feu vif jusqu'à ce qu'ils soient légèrement dorés. Incorporer le bouillon, le vin ou le xérès, le sucre et la sauce soja et faire revenir rapidement jusqu'à ce que le tout soit bien mélangé. Assaisonner au goût avec du sel et de l'huile de sésame avant de servir.

Boeuf et petits pois

Vous en portez 4

30 ml/2 cuillères à soupe d'huile d'arachide (cacahuète).
450 g de bœuf maigre, coupé en dés
2 oignons, tranchés
2 branches de céleri, tranchées
100 g de petits pois frais ou surgelés, décongelés
250 ml/8 fl oz/1 tasse de bouillon de poulet
15 ml/1 cuillère à soupe de sauce soja
15 ml/1 cuillère à soupe de farine de maïs (amidon de maïs)

Faites chauffer l'huile et faites frire la viande jusqu'à ce qu'elle soit légèrement dorée. Ajouter l'oignon, le céleri et les petits pois et cuire 2 minutes. Ajouter le bouillon et la sauce soja, porter à ébullition, couvrir et laisser mijoter 10 minutes. Mélangez la fécule de maïs avec un peu d'eau et ajoutez-la à la sauce. Cuire en remuant jusqu'à ce que la sauce soit claire et épaissie.

Pied de bœuf sauté aux oignons

Vous en portez 4

225 g de bœuf maigre
2 oignons nouveaux (oignons), hachés
30 ml/2 cuillères à soupe de sauce soja
30 ml/2 cuillères à soupe de vin de riz ou de xérès sec
30 ml/2 cuillères à soupe d'huile d'arachide (cacahuète).
1 gousse d'ail, écrasée
5 ml/1 cuillère à café de vinaigre de vin
quelques gouttes d'huile de sésame

Coupez le bœuf en fines tranches à contre-courant. Mélangez les oignons nouveaux, la sauce soja et le vin ou le xérès, mélangez avec la viande et laissez reposer 30 minutes. Égoutter en jetant la marinade. Faites chauffer l'huile et faites revenir l'ail jusqu'à ce qu'il soit légèrement doré. Ajouter le bœuf et faire revenir jusqu'à ce qu'il soit doré. Ajoutez le vinaigre et l'huile de sésame, couvrez et laissez cuire 2 minutes.

Bœuf aux écorces d'orange séchées

Vous en portez 4

450 g de bœuf maigre, tranché finement
5 ml/1 cuillère à café de sel
l'huile de friture
30 ml/2 cuillères à soupe d'huile d'arachide (cacahuète).
100 g de zeste d'orange séché
2 piments forts séchés, hachés finement
5 ml/1 cuillère à café de poivre fraîchement moulu
45 ml/3 cuillères à soupe de bouillon de bœuf
2,5 ml/¬Ω cuillère à café de sucre
15 ml/1 cuillère à soupe de vin de riz ou de xérès sec
5 ml/1 cuillère à café de vinaigre de vin
2,5 ml/¬Ω cuillère à café d'huile de sésame

Saupoudrez le bœuf de sel et laissez-le reposer 30 minutes. Faites chauffer l'huile et faites frire la viande jusqu'à ce qu'elle soit à moitié cuite. Retirer et bien égoutter. Faites chauffer l'huile et faites revenir le zeste d'orange, le piment et le poivre pendant 1 minute. Ajouter la viande et le bouillon et porter à ébullition. Ajoutez le sucre et le vinaigre de vin et faites bouillir jusqu'à ce qu'il reste une grande partie du liquide. Incorporer le vinaigre de vin et l'huile de sésame et bien mélanger. Il est servi sur un lit de feuilles de laitue.

Boeuf à la sauce d'huîtres

Vous en portez 4

15 ml/1 cuillère à soupe d'huile d'arachide (cacahuètes).

2 gousses d'ail, hachées

1 lb/450 g de rumsteck, tranché

100 g de champignons

15 ml/1 cuillère à soupe de vin de riz ou de xérès sec

150 ml/¬° pt/ohm tasse de soupe au poulet

30 ml/2 cuillères à soupe de sauce aux huîtres

5 ml/1 cuillère à café de cassonade

sel et poivre fraîchement moulu

4 oignons nouveaux (oignons verts), tranchés

15 ml/1 cuillère à soupe de farine de maïs (amidon de maïs)

Faites chauffer l'huile et faites revenir l'ail jusqu'à ce qu'il soit légèrement doré. Ajouter le steak et les champignons et faire revenir jusqu'à ce qu'ils soient légèrement dorés. Ajoutez le vin ou le xérès et laissez mijoter 2 minutes. Ajouter le bouillon, la sauce d'huîtres et le sucre et assaisonner de sel et de poivre. Porter à ébullition et cuire 4 minutes en remuant de temps en temps. Ajouter les oignons nouveaux. Mélangez la fécule de maïs avec un peu d'eau et mélangez-la dans la casserole. Cuire en remuant jusqu'à ce que la sauce soit claire et épaissie.

Boeuf aux poivrons

Vous en portez 4

350 g de bœuf maigre, coupé en lanières
75 ml/5 cuillères à soupe de sauce soja
75 ml/5 cuillères à soupe d'huile d'arachide (cacahuètes).
5 ml/1 cuillère à café de farine de maïs (amidon de maïs)
75 ml/5 cuillères à soupe d'eau
2 oignons, tranchés
5 ml/1 cuillère à café de sauce aux huîtres
poivre fraîchement moulu
paniers de nouilles

Faire mariner le bœuf dans la sauce soja, 15 ml/1 cuillère à soupe d'huile, la fécule de maïs et l'eau pendant 1 heure. Retirez la viande de la marinade et égouttez-la bien. Faites chauffer le reste de l'huile et faites revenir la viande et l'oignon jusqu'à ce qu'ils soient légèrement dorés. Ajouter la marinade et la sauce d'huîtres et poivrer généreusement. Porter à ébullition, couvrir et laisser mijoter 5 minutes en remuant de temps en temps. Servir avec des paniers de nouilles.

Steak au poivre

Vous en portez 4

45 ml/3 cuillères à soupe d'huile d'arachide (cacahuète).
5 ml/1 cuillère à café de sel
2 gousses d'ail, hachées
1 lb/450 g de steak de surlonge, tranché finement
1 oignon, tranché
2 poivrons verts, hachés grossièrement
120 ml/4 fl oz/¬Ω tasse de bouillon de bœuf
5 ml/1 cuillère à café de cassonade
5 ml/1 cuillère à café de vin de riz ou de xérès sec
sel et poivre fraîchement moulu
30 ml/2 cuillères à soupe de farine de maïs (amidon de maïs)

30 ml/2 cuillères à soupe de sauce soja

Faites chauffer l'huile avec le sel et l'ail jusqu'à ce que l'ail soit légèrement doré, puis ajoutez le steak et faites-le frire jusqu'à ce qu'il soit doré de tous les côtés. Ajouter l'oignon et les poivrons et faire revenir 2 minutes. Ajoutez le bouillon, le sucre, le vin ou le xérès et assaisonnez de sel et de poivre. Porter à ébullition, couvrir et laisser mijoter 5 minutes. Mélangez la semoule de maïs et la sauce soja et incorporez-les à la sauce. Laisser mijoter en remuant jusqu'à ce que la sauce soit claire et épaissie, en ajoutant un peu d'eau au besoin pour donner à la sauce la consistance que vous préférez.

Boeuf aux poivrons

Vous en portez 4

350 g/12 oz de bœuf maigre, tranché finement
3 piments rouges épépinés et hachés
3 oignons nouveaux (oignons), coupés en petits morceaux
2 gousses d'ail, hachées
15 ml/1 cuillère à soupe de sauce aux haricots noirs
1 carotte, tranchée
3 poivrons verts, coupés en morceaux
sel
15 ml/1 cuillère à soupe d'huile d'arachide (cacahuètes).

5 ml/1 cuillère à café de sauce soja

45 ml/3 cuillères à soupe d'eau

5 ml/1 cuillère à café de vin de riz ou de xérès sec

5 ml/1 cuillère à café de farine de maïs (amidon de maïs)

Faire mariner le bœuf dans le chili, l'oignon nouveau, l'ail, la sauce aux haricots noirs et la carotte pendant 1 heure. Faire bouillir les poivrons dans de l'eau bouillante salée pendant 3 minutes, puis bien égoutter. Faites chauffer l'huile et faites revenir le mélange de bœuf pendant 2 minutes. Ajouter les poivrons et faire revenir 3 minutes. Ajoutez la sauce soja, l'eau et le vin ou le xérès. Mélangez la fécule de maïs avec un peu d'eau, versez dans la poêle et faites cuire en remuant jusqu'à ce que la sauce épaississe.

Lanières de rôti de bœuf aux poivrons verts

Vous en portez 4

225 g/8 oz de bœuf maigre, haché

1 blanc d'oeuf

15 ml/1 cuillère à soupe de farine de maïs (amidon de maïs)

2,5 ml/¬Ω cuillère à café de sel

5 ml/1 cuillère à café de vin de riz ou de xérès sec

2,5 ml/¬Ω cuillère à café de sucre

l'huile de friture

30 ml/2 cuillères à soupe d'huile d'arachide (cacahuète).
2 piments rouges, coupés en dés
2 tranches de racine de gingembre, hachées
15 ml/1 cuillère à soupe de sauce soja
2 gros poivrons verts, coupés en dés

Mettez la viande dans un bol avec le blanc d'œuf, la fécule de maïs, le sel, le vin ou le xérès et le sucre et laissez mariner 30 minutes. Faites chauffer l'huile et faites frire la viande jusqu'à ce qu'elle soit légèrement dorée. Retirer de la poêle et bien égoutter. Faites chauffer l'huile et faites revenir les piments et le gingembre pendant quelques secondes. Ajouter le bœuf et la sauce soja et faire sauter jusqu'à ce qu'ils soient tendres. Ajouter les piments verts, bien mélanger et faire revenir 2 minutes. Sers immédiatement.

Boeuf aux cornichons chinois

Vous en portez 4

100 g de cornichons chinois hachés
450 g de steak maigre, tranché contre le grain
30 ml/2 cuillères à soupe de sauce soja
5 ml/1 cuillère à café de sel
2,5 ml/¬Ω cuillère à café de poivre fraîchement moulu
60 ml/4 cuillères à soupe d'huile d'arachide (cacahuètes).

15 ml/1 cuillère à soupe de farine de maïs (amidon de maïs)

Mélangez bien tous les ingrédients et placez-les dans un bol allant au four. Placer le plat sur une grille dans un four vapeur, couvrir et cuire à l'eau bouillante pendant 40 minutes jusqu'à ce que la viande soit cuite.

Steak aux pommes de terre

Vous en portez 4

450 g de steak
60 ml/4 cuillères à soupe d'huile d'arachide (cacahuètes).
5 ml/1 cuillère à café de sel
2,5 ml/¬Ω cuillère à café de poivre fraîchement moulu
1 oignon, haché
1 gousse d'ail, écrasée

225 g de pommes de terre, coupées en dés
175 ml/6 fl oz/¬œ tasse de bouillon de bœuf
250 ml/8 fl oz/1 tasse de feuilles de céleri hachées
30 ml/2 cuillères à soupe de farine de maïs (amidon de maïs)
15 ml/1 cuillère à soupe de sauce soja
60 ml/4 cuillères à soupe d'eau

Coupez le steak en lanières puis en fins flocons contre le grain. Faites chauffer l'huile et faites revenir le steak, le sel, le poivre, l'oignon et l'ail jusqu'à ce qu'ils soient dorés. Ajouter les pommes de terre et le bouillon, porter à ébullition, couvrir et laisser mijoter 10 minutes. Ajouter les feuilles de céleri et cuire environ 4 minutes jusqu'à ce qu'elles soient ramollies. Mélangez la semoule de maïs, la sauce soja et l'eau pour obtenir une pâte, ajoutez-la à la poêle et faites cuire en remuant jusqu'à ce que la sauce soit claire et épaissie.

Boeuf cuit rouge

Vous en portez 4

450 g de bœuf maigre
120 ml/4 fl oz/¬Ω tasse de sauce soja
60 ml/4 cuillères à soupe de vin de riz ou de xérès sec
15 ml/1 cuillère à soupe de cassonade
Tasses d'eau de 375 ml/13 fl oz/1¬Ω

Mettez le bœuf, la sauce soja, le vin ou le xérès et le sucre dans une casserole à fond épais et portez à ébullition. Couvrir et cuire 10 minutes en retournant une ou deux fois. Incorporer l'eau et porter à ébullition. Couvrir et laisser mijoter environ 1 heure jusqu'à ce que la viande soit tendre, en ajoutant un peu d'eau bouillante si nécessaire pendant la cuisson si la viande devient trop sèche. Servir chaud ou froid.

Bœuf savoureux

Vous en portez 4

30 ml/2 cuillères à soupe d'huile d'arachide (cacahuète).
450 g de bœuf maigre, coupé en dés
2 oignons nouveaux (oignons), tranchés
2 gousses d'ail, hachées
1 tranche de racine de gingembre, hachée
2 gousses d'anis étoilé, écrasées

250 ml/8 fl oz/1 tasse de sauce soja
30 ml/2 cuillères à soupe de vin de riz ou de xérès sec
30 ml/2 cuillères à soupe de cassonade
5 ml/1 cuillère à café de sel
Tasses d'eau de 600 ml/1 pt/2¬Ω

Faites chauffer l'huile et faites frire la viande jusqu'à ce qu'elle soit légèrement dorée. Égoutter l'excès d'huile et ajouter l'oignon nouveau, l'ail, le gingembre et l'anis et faire revenir pendant 2 minutes. Ajoutez la sauce soja, le vin ou le xérès, le sucre et le sel et mélangez bien. Ajouter l'eau, porter à ébullition, couvrir et laisser mijoter 1 heure. Retirez le couvercle et laissez mijoter jusqu'à ce que la sauce réduise.

Le bœuf haché

Vous en portez 4

750 g de bœuf maigre, coupé en dés
250 ml/8 fl oz/1 tasse de bouillon de bœuf
120 ml/4 fl oz/¬Ω tasse de sauce soja
60 ml/4 cuillères à soupe de vin de riz ou de xérès sec
45 ml/3 cuillères à soupe d'huile d'arachide (cacahuète).

Placez le bœuf, le bouillon, la sauce soja et le vin ou le xérès dans une poêle à fond épais. Porter à ébullition et cuire en remuant jusqu'à ce que le liquide soit évaporé. Laisser refroidir puis réfrigérer. Effilochez la viande avec deux fourchettes. Faites chauffer l'huile, puis ajoutez la viande et faites-la frire rapidement jusqu'à ce qu'elle soit recouverte d'huile. Continuez à cuire à feu moyen jusqu'à ce que la viande soit complètement sèche. Laisser refroidir et servir avec des nouilles ou du riz.

Bœuf haché à la familiale

Vous en portez 4

225 g de bœuf haché
15 ml/1 cuillère à soupe de sauce soja
15 ml/1 cuillère à soupe de sauce aux huîtres
45 ml/3 cuillères à soupe d'huile d'arachide (cacahuète).
1 tranche de racine de gingembre, hachée

1 poivron rouge, haché
4 branches de céleri, coupées en diagonale
15 ml/1 cuillère à soupe de sauce aux haricots piquants
5 ml/1 cuillère à café de sel
15 ml/1 cuillère à soupe de vin de riz ou de xérès sec
5 ml/1 cuillère à café d'huile de sésame
5 ml/1 cuillère à café de vinaigre de vin
poivre fraîchement moulu

Placer la viande dans un bol avec la sauce soja et la sauce d'huîtres et laisser mariner 30 minutes. Faites chauffer l'huile et faites frire la viande jusqu'à ce qu'elle soit légèrement dorée, puis retirez-la de la poêle. Ajoutez le gingembre et le piment et faites revenir quelques secondes. Ajouter le céleri et faire revenir jusqu'à ce qu'il soit à moitié cuit. Ajouter le bœuf, la sauce aux haricots piquants et le sel et bien mélanger. Ajoutez le vin ou le xérès, l'huile de sésame et le vinaigre et faites sauter jusqu'à ce que la viande soit tendre et que les ingrédients soient bien mélangés. Il est servi saupoudré de poivre.

Bœuf haché assaisonné

Vous en portez 4

90 ml/6 cuillères à soupe d'huile d'arachide (cacahuète).
450 g de bœuf maigre coupé en lanières
50 g de pâte de haricots pimentés
poivre fraîchement moulu
15 ml/1 cuillère à soupe de racine de gingembre moulue
30 ml/2 cuillères à soupe de vin de riz ou de xérès sec
225 g de céleri, coupé en dés
30 ml/2 cuillères à soupe de sauce soja
5 ml/1 cuillère à café de sucre
5 ml/1 cuillère à café de vinaigre de vin

Faites chauffer l'huile et faites frire la viande jusqu'à ce qu'elle soit dorée. Ajoutez la pâte de haricots chili et les poivrons et faites frire pendant 3 minutes. Ajoutez le gingembre, le vin ou le xérès et le céleri et mélangez bien. Ajouter la sauce soja, le sucre et le vinaigre et faire sauter pendant 2 minutes.

Boeuf mariné aux épinards

Vous en portez 4

450 g de bœuf maigre, tranché finement
45 ml/3 cuillères à soupe de vin de riz ou de xérès sec
15 ml/1 cuillère à soupe de sauce soja
5 ml/1 cuillère à café de sucre
2,5 ml/¬Ω cuillère à café d'huile de sésame
450 g d'épinards
45 ml/3 cuillères à soupe d'huile d'arachide (cacahuète).
2 tranches de racine de gingembre, hachées
30 ml/2 cuillères à soupe de bouillon de bœuf
5 ml/1 cuillère à café de farine de maïs (amidon de maïs)

Aplatissez légèrement la viande en appuyant avec les doigts. Incorporer le vin ou le xérès, la sauce soja, le xérès et l'huile de sésame. Ajouter le bœuf, couvrir et réfrigérer 2 heures en remuant de temps en temps. Coupez les feuilles d'épinards en gros morceaux et les tiges en tranches épaisses. Faites chauffer 30 ml/2 cuillères à soupe d'huile et faites revenir les tiges d'épinards et de gingembre pendant 2 minutes. Retirer de la poêle.

Faites chauffer le reste de l'huile. Égouttez le bœuf en réservant la marinade. Ajouter la moitié de la viande dans la poêle en espaçant les tranches pour qu'elles ne se chevauchent pas. Cuire environ 3 minutes jusqu'à ce qu'ils soient légèrement dorés des deux côtés. Retirer de la poêle et saisir le reste de bœuf, puis retirer de la poêle. Mélangez le bouillon et la fécule de maïs avec la marinade. Ajouter le mélange dans la casserole et porter à ébullition. Ajoutez les feuilles d'épinards, les tiges et le gingembre. Cuire environ 3 minutes jusqu'à ce que les épinards fanent, puis ajouter la viande. Cuire encore une minute, puis servir immédiatement.

Bœuf aux haricots noirs et oignons nouveaux

Vous en portez 4

225 g/8 oz de bœuf maigre, tranché finement

1 œuf légèrement battu

5 ml/1 cuillère à café de sauce soja légère

2,5 ml/½ cuillère à café de vin de riz ou de xérès sec

2,5 ml/½ cuillère à café de semoule de maïs (amidon de maïs)

250 ml/8 fl oz/1 tasse d'huile d'arachide (cacahuètes).

2 gousses d'ail, hachées

30 ml/2 cuillères à soupe de sauce aux haricots noirs

15 ml/1 cuillère à soupe d'eau

6 oignons nouveaux (oignons), coupés en diagonale

2 tranches de racine de gingembre, hachées

Mélangez la viande avec l'œuf, la sauce soja, le vin ou le xérès et la fécule de maïs. Laissez reposer 10 minutes. Faites chauffer l'huile et faites frire la viande jusqu'à ce qu'elle soit presque cuite. Retirer de la poêle et bien égoutter. Versez tout sauf 15 ml/1 cuillère à soupe d'huile, faites chauffer puis faites revenir l'ail et la sauce aux haricots noirs pendant 30 secondes. Ajoutez la viande et l'eau et faites revenir environ 4 minutes jusqu'à ce que la viande soit tendre.

Pendant ce temps, faites chauffer encore 15 ml/1 cuillère à soupe d'huile et faites revenir brièvement les oignons nouveaux et le gingembre. Versez la viande sur une assiette chauffée, décorez d'oignons nouveaux et servez.

Rôti de bœuf aux oignons nouveaux

Vous en portez 4

45 ml/3 cuillères à soupe d'huile d'arachide (cacahuète).
225 g/8 oz de bœuf maigre, tranché finement
8 oignons nouveaux (oignons), tranchés
75 ml/5 cuillères à soupe de sauce soja
15 ml/1 cuillère à soupe de vin de riz ou de xérès sec
30 ml/2 cuillères à soupe d'huile de sésame

Faites chauffer l'huile et faites revenir la viande et l'oignon jusqu'à ce qu'ils soient légèrement dorés. Ajoutez la sauce soja et le vin ou le xérès et faites frire jusqu'à ce que la viande soit cuite à votre goût. Incorporer l'huile de sésame avant de servir.

Boeuf et oignons nouveaux avec sauce de poisson

Vous en portez 4

350 g/12 oz de bœuf maigre, tranché finement
15 ml/1 cuillère à soupe de farine de maïs (amidon de maïs)
15 ml/1 cuillère à soupe d'eau
2,5 ml/½ cuillère à café de vin de riz ou de xérès sec
une pincée de bicarbonate de sodium (bicarbonate de sodium)
pincée de sel
45 ml/3 cuillères à soupe d'huile d'arachide (cacahuète).
6 oignons nouveaux (oignons), coupés en morceaux de 5 cm/2
2 gousses d'ail, hachées
2 tranches de gingembre hachées
5 ml/1 cuillère à soupe de sauce de poisson
2,5 ml/½ cuillère à café de sauce aux huîtres

Faire mariner la viande dans la fécule de maïs, l'eau, le vin ou le xérès, le bicarbonate de soude et le sel pendant 1 heure. Faites chauffer 30 ml/ 2 cuillères à soupe d'huile et faites revenir la viande avec la moitié de l'oignon nouveau, la moitié de l'ail et du gingembre jusqu'à ce qu'elle soit bien dorée. Pendant ce temps, faites chauffer le reste de l'huile et faites revenir les oignons nouveaux, l'ail et le gingembre restants avec la sauce de poisson et la sauce aux huîtres jusqu'à ce qu'ils soient tendres. Mélangez les deux et réchauffez avant de servir.

Bœuf cuit à la vapeur

Vous en portez 4

450 g de bœuf maigre, tranché
5 ml/1 cuillère à café de farine de maïs (amidon de maïs)
2 tranches de racine de gingembre, hachées
15 ml/1 cuillère à soupe de sauce soja
15 ml/1 cuillère à soupe de vin de riz ou de xérès sec
2,5 ml/¬Ω cuillère à café de sel
2,5 ml/¬Ω cuillère à café de sucre
15 ml/1 cuillère à soupe d'huile d'arachide (cacahuètes).
2 oignons nouveaux (oignons), hachés
15 ml/1 cuillère à soupe de persil plat haché

Mettez la viande dans un bol. Mélangez la semoule de maïs, le gingembre, la sauce soja, le vin ou le xérès, le sel et le sucre et incorporez-les à la viande. Laissez reposer 30 minutes en remuant de temps en temps. Disposez les tranches de bœuf dans un plat peu profond et mélangez-les avec l'huile et les oignons nouveaux. Cuire sur un grill au-dessus de l'eau bouillante pendant environ 40 minutes jusqu'à ce que la viande soit cuite. Il est servi parsemé de persil.

Ragoût de bœuf

Vous en portez 4

15 ml/1 cuillère à soupe d'huile d'arachide (cacahuètes).
1 gousse d'ail, écrasée
1 tranche de racine de gingembre, hachée
450 g de steak braisé, coupé en dés
45 ml/3 cuillères à soupe de sauce soja
30 ml/2 cuillères à soupe de vin de riz ou de xérès sec
15 ml/1 cuillère à soupe de cassonade
300 ml/¬Ω pour/1¬° tasse de soupe au poulet
2 oignons, tranchés
2 carottes, tranchées épaisses
100 g de chou haché

Faites chauffer l'huile avec l'ail et le gingembre et faites-les revenir jusqu'à ce que l'ail soit légèrement doré. Ajouter le steak et faire revenir 5 minutes jusqu'à ce qu'il soit doré. Ajoutez la sauce soja, le vin ou le xérès et le sucre, couvrez et laissez mijoter 10 minutes. Ajouter le bouillon, porter à ébullition, couvrir et laisser mijoter environ 30 minutes. Ajoutez l'oignon, les carottes et le chou, couvrez et laissez cuire encore 15 minutes.

Poitrine braisée

Vous en portez 4

450 g de poitrine de bœuf
45 ml/3 cuillères à soupe d'huile d'arachide (cacahuète).
3 oignons nouveaux (oignons), tranchés
2 tranches de racine de gingembre, hachées
1 gousse d'ail, écrasée
120 ml/4 fl oz/¬Ω tasse de sauce soja
5 ml/1 cuillère à café de sucre
45 ml/3 cuillères à soupe de vin de riz ou de xérès sec
3 tranches d'anis étoilé
4 carottes, coupées en dés
225 g de bok choy
15 ml/1 cuillère à soupe de farine de maïs (amidon de maïs)
45 ml/3 cuillères à soupe d'eau

Mettez la viande dans une casserole et couvrez simplement d'eau. Porter à ébullition, couvrir et laisser mijoter environ 1 Ω heures jusqu'à ce que la viande soit tendre. Retirer de la poêle et bien égoutter. Coupez en cubes de 1 pouce/1 cm et réservez 250 ml/8 fl oz/1 tasse de bouillon.

Faites chauffer l'huile et faites revenir les oignons nouveaux, le gingembre et l'ail pendant quelques secondes. Ajoutez la sauce soja, le sucre, le vin ou le xérès et l'anis étoilé et mélangez bien. Ajouter le bœuf et le bouillon réservé. Porter à ébullition, couvrir et laisser mijoter 20 minutes. Pendant ce temps, faites cuire les bok choys dans l'eau bouillante jusqu'à ce qu'ils soient tendres. Transférez la viande et les légumes dans un plat de service chaud. Mélangez la semoule de maïs et l'eau pour obtenir une pâte, mélangez avec la sauce et faites cuire en remuant jusqu'à ce que la sauce soit claire et épaissie. Verser sur le bœuf et servir avec du bok choy.

Rôti de bœuf

Vous en portez 4

225 g de bœuf maigre

45 ml/3 cuillères à soupe d'huile d'arachide (cacahuète).

1 tranche de racine de gingembre, hachée

2 gousses d'ail, hachées

2 oignons nouveaux (oignons), hachés

50 g de champignons tranchés

1 poivron rouge, tranché

225 g de fleurons de chou-fleur

50 g de pois mange-tout (petits pois)

30 ml/2 cuillères à soupe de sauce soja

15 ml/1 cuillère à soupe de farine de maïs (amidon de maïs)

15 ml/1 cuillère à soupe de vin de riz ou de xérès sec

120 ml/4 fl oz/¬Ω tasse de bouillon de bœuf

Tranchez finement la viande contre le grain. Faites chauffer la moitié de l'huile et faites revenir le gingembre, l'ail et l'oignon nouveau jusqu'à ce qu'ils soient légèrement dorés. Ajouter le bœuf et faire revenir jusqu'à ce qu'il soit doré, puis retirer de la poêle. Faites chauffer le reste de l'huile et faites revenir les légumes jusqu'à ce qu'ils soient enrobés d'huile. Incorporer le bouillon, porter à ébullition, couvrir et cuire jusqu'à ce que les légumes soient tendres mais encore croquants. Mélangez la sauce soja, la semoule de maïs et le vin ou le xérès et mélangez dans la poêle. Faire bouillir en remuant jusqu'à ce que la sauce épaississe.

Lanières de steak

Vous en portez 4

450 g de rumsteck
120 ml/4 fl oz/¬Ω tasse de sauce soja
120 ml/4 fl oz/¬Ω tasse de bouillon de poulet
1 cm/¬Ω par tranche de racine de gingembre
2 gousses d'ail, hachées
30 ml/2 cuillères à soupe de vin de riz ou de xérès sec
15 ml/1 cuillère à soupe de cassonade
15 ml/1 cuillère à soupe d'huile d'arachide (cacahuètes).

Raffermissez le steak au congélateur, puis coupez-le en tranches longues et fines. Mélangez tous les autres ingrédients et faites mariner le steak dans le mélange pendant environ 6 heures. Placez le steak sur des brochettes en bois imbibées et faites-le griller quelques minutes jusqu'à ce qu'il soit cuit à votre goût, en le badigeonnant de temps en temps avec la marinade.

Bœuf vapeur aux patates douces

Vous en portez 4

450 g de bœuf maigre, tranché finement

15 ml/1 cuillère à soupe de sauce aux haricots noirs

15 ml/1 cuillère à soupe de sauce aux haricots sucrés

15 ml/1 cuillère à soupe de sauce soja

5 ml/1 cuillère à café de sucre

2 tranches de racine de gingembre, hachées

2 patates douces, coupées en dés

30 ml/2 cuillères à soupe d'huile d'arachide (cacahuète).

100 g de chapelure

15 ml/1 cuillère à soupe d'huile de sésame

3 oignons nouveaux (oignons), finement hachés

Mettez la viande dans un bol avec les sauces aux haricots, la sauce soja, le sucre et le gingembre et laissez mariner 30 minutes. Retirez le bœuf de la marinade et ajoutez les patates douces. Laissez reposer 20 minutes. Disposez les pommes de terre sur le fond d'un petit cuiseur vapeur en bambou. Rouler la viande dans la chapelure et la déposer sur les pommes de terre. Couvrir et cuire à l'eau bouillante pendant 40 minutes.

Faites chauffer l'huile de sésame et faites revenir les oignons nouveaux pendant quelques secondes. Versez sur la viande et servez.

Filet de bœuf

Vous en portez 4

450 g de bœuf maigre
45 ml/3 cuillères à soupe de vin de riz ou de xérès sec
15 ml/1 cuillère à soupe de sauce soja
10 ml/2 cuillères à soupe de sauce aux huîtres
5 ml/1 cuillère à café de sucre
5 ml/1 cuillère à café de farine de maïs (amidon de maïs)
2,5 ml/¬Ω cuillère à café de bicarbonate de sodium (bicarbonate de sodium)
pincée de sel
1 gousse d'ail, écrasée

30 ml/2 cuillères à soupe d'huile d'arachide (cacahuète).
2 oignons, tranchés finement

Coupez la viande dans le sens du grain en fines tranches. Incorporer le vin ou le xérès, la sauce soja, la sauce aux huîtres, le sucre, le babeurre, le bicarbonate de soude, le sel et l'ail. Remuer la viande, couvrir et réfrigérer au moins 3 heures. Faites chauffer l'huile et faites revenir l'oignon pendant environ 5 minutes jusqu'à ce qu'il soit doré. Transférer dans une assiette chaude et réserver au chaud. Ajoutez un peu de viande dans le wok en espaçant les tranches pour qu'elles ne se chevauchent pas. Faites frire environ 3 minutes de chaque côté jusqu'à ce qu'elles soient dorées, puis disposez les oignons dessus et continuez à faire frire le reste de la viande.

Pain au rosbif

Vous en portez 4

4 tranches de bœuf maigre
1 oeuf battu
50 g/2 oz/¬Ω tasse de noix, hachées
4 tranches de pain
l'huile de friture

Aplatissez les tranches de bœuf et badigeonnez-les bien d'œuf. Saupoudrer de noix et déposer une tranche de pain dessus. Faites chauffer l'huile et faites revenir les tranches de bœuf et de pain pendant environ 2 minutes. Retirer de l'huile et laisser refroidir. Faites chauffer l'huile et faites frire à nouveau jusqu'à ce qu'elle soit dorée.

Tofu au bœuf Tofu au piment

Vous en portez 4

225 g/8 oz de bœuf maigre, haché

1 blanc d'oeuf

2,5 ml/¬Ω cuillère à café d'huile de sésame

5 ml/1 cuillère à café de farine de maïs (amidon de maïs)

pincée de sel

250 ml/8 fl oz/1 tasse d'huile d'arachide (cacahuètes).

100 g de tofu sec, coupé en lanières
5 piments rouges, coupés en lanières
15 ml/1 cuillère à soupe d'eau
1 tranche de racine de gingembre, hachée
10 ml/2 cuillères à café de sauce soja

Mélangez le bœuf avec le blanc d'œuf, la moitié de l'huile de sésame, la fécule de maïs et le sel. Faites chauffer l'huile et faites frire la viande jusqu'à ce qu'elle soit presque cuite. Retirer de la poêle. Ajoutez le tofu dans la poêle et faites-le frire pendant 2 minutes, puis retirez-le de la poêle. Ajoutez le piment et faites revenir 1 minute. Remettez le tofu dans la poêle avec l'eau, le gingembre et la sauce soja et mélangez bien. Ajouter la viande et faire revenir jusqu'à ce qu'elle soit bien homogénéisée. Servir saupoudré du reste d'huile de sésame.

Boeuf aux tomates

Vous en portez 4

30 ml/2 cuillères à soupe d'huile d'arachide (cacahuète).
3 oignons nouveaux (oignons), coupés en petits morceaux
225 g/8 oz de bœuf maigre, coupé en lanières
60 ml/4 cuillères à soupe de bouillon de bœuf
15 ml/1 cuillère à soupe de farine de maïs (amidon de maïs)
45 ml/3 cuillères à soupe d'eau

4 tomates pelées et coupées en quartiers

Faites chauffer l'huile et faites revenir l'oignon nouveau jusqu'à ce qu'il soit tendre. Ajouter le bœuf et faire revenir jusqu'à ce qu'il soit doré. Incorporer le bouillon, porter à ébullition, couvrir et laisser mijoter 2 minutes. Mélanger la semoule de maïs et l'eau, mélanger dans la poêle et cuire en remuant jusqu'à ce que la sauce épaississe. Incorporer les tomates et cuire jusqu'à ce qu'elles soient bien chaudes.

Boeuf rouge cuisiné aux navets

Vous en portez 4

450 g de bœuf maigre
1 tranche de racine de gingembre, hachée
1 oignon nouveau (oignon), haché 120 ml/4 fl oz/¬Ω tasse de vin de riz ou de xérès sec
250 ml/8 fl oz/1 tasse d'eau
2 tranches d'anis étoilé

1 petit navet, coupé en dés
120 ml/4 fl oz/¬Ω tasse de sauce soja
15 ml/1 cuillère à soupe de sucre

Mettez le bœuf, le gingembre, la ciboule, le vin ou le xérès, l'eau et l'anis dans une casserole à fond épais, portez à ébullition, couvrez et laissez mijoter 45 minutes. Ajoutez les navets, la sauce soja et le sucre et un peu d'eau si nécessaire, portez à ébullition, couvrez et laissez mijoter encore 45 minutes jusqu'à ce que la viande soit tendre. Laisser refroidir. Retirez le bœuf et les navets de la sauce. Découpez le bœuf et disposez-le sur un plat de service avec les navets. Filtrer sur la sauce et servir froid.

Boeuf aux légumes

Vous en portez 4

225 g de bœuf maigre
15 ml/1 cuillère à soupe de farine de maïs (amidon de maïs)
15 ml/1 cuillère à soupe de sauce soja
15 ml/1 cuillère à soupe de vin de riz ou de xérès sec
2,5 ml/¬Ω cuillère à café de sucre
45 ml/3 cuillères à soupe d'huile d'arachide (cacahuète).
1 tranche de racine de gingembre, hachée

2,5 ml/¬Ω cuillère à café de sel
100 g d'oignon émincé
2 branches de céleri, tranchées
1 poivron rouge, tranché
100 g de pousses de bambou coupées en tranches
100 g de carottes tranchées
120 ml/4 fl oz/¬Ω tasse de bouillon de bœuf

Tranchez finement le bœuf contre le grain et placez-le dans un bol. Mélangez la semoule de maïs, la sauce soja, le vin ou le xérès et le sucre, versez sur le bœuf et mélangez pour enrober. Laissez reposer 30 minutes en retournant de temps en temps. Faites chauffer la moitié de l'huile et saisissez le bœuf jusqu'à ce qu'il soit doré, puis retirez-le de la poêle. Faites chauffer le reste de l'huile, ajoutez le gingembre et le sel, puis ajoutez les légumes et faites revenir jusqu'à ce qu'ils soient recouverts d'huile. Incorporer le bouillon, porter à ébullition, couvrir et cuire jusqu'à ce que les légumes soient tendres mais encore croquants. Remettez le bœuf dans la poêle et remuez à feu doux pendant environ 1 minute pour qu'il soit bien chaud.

Ragoût de bœuf

Vous en portez 4

Rouleau de bœuf 350 g/12 oz
30 ml/2 cuillères à soupe de sucre
30 ml/2 cuillères à soupe de vin de riz ou de xérès sec
30 ml/2 cuillères à soupe de sauce soja
5 ml/1 cuillère à café de cannelle
2 oignons nouveaux (oignons), hachés
1 tranche de racine de gingembre, hachée
45 ml/3 cuillères à soupe d'huile de sésame

Portez une casserole d'eau à ébullition, ajoutez le bœuf, ramenez l'eau à ébullition et portez à ébullition rapide pour sceller le bœuf. Retirer de la poêle. Placez le bœuf dans une poêle propre et ajoutez tous les autres ingrédients, en réservant 15 ml/1 cuillère à soupe d'huile de sésame. Remplissez la casserole avec suffisamment d'eau pour couvrir la viande, portez à ébullition, couvrez et laissez mijoter doucement pendant environ 1 heure jusqu'à ce que la viande soit tendre. Arroser du reste d'huile de sésame avant de servir.

Steak farci

Portion 4-6

675g/1½ lb de rumsteck en un seul morceau
60 ml/4 cuillères à soupe de vinaigre de vin
30 ml/2 cuillères à soupe de sucre
10 ml/2 cuillères à café de sauce soja
2,5 ml/½ cuillère à café de poivre fraîchement moulu
2,5 ml/½ cuillère à café de clous de girofle entiers
5 ml/1 cuillère à café de cannelle moulue
1 feuille de laurier, écrasée
225 g de riz à grains longs cuit
5 ml/1 cuillère à café de persil frais haché
pincée de sel
30 ml/2 cuillères à soupe d'huile d'arachide (cacahuète).
30 ml/2 cuillères à soupe de saindoux
1 oignon, tranché

Placez le steak dans un grand bol. Faites bouillir le vinaigre de vin, le sucre, la sauce soja, le poivre, les clous de girofle, la cannelle et les feuilles de laurier dans une casserole, puis laissez refroidir. Verser sur le steak, couvrir et laisser mariner au réfrigérateur toute la nuit en retournant de temps en temps.

Mélangez le riz, le persil, le sel et l'huile. Égoutter la viande et étaler le mélange sur le steak, rouler et attacher fermement avec de la ficelle. Faire fondre le saindoux, ajouter l'oignon et le steak et faire revenir jusqu'à ce qu'ils soient dorés de tous les côtés. Versez suffisamment d'eau pour couvrir presque le steak, couvrez et laissez mijoter pendant 1 Ω heure ou jusqu'à ce que la viande soit tendre.

Raviolis au boeuf

Vous en portez 4

450 g de farine nature (tout usage).
1 sachet de levure facile à mélanger
10 ml/2 cuillères à café de sucre cristallisé

5 ml/1 cuillère à café de sel

300 ml/½ pour/1¼° tasse de lait ou d'eau chaude

30 ml/2 cuillères à soupe d'huile d'arachide (cacahuète).

225 g/8 oz de bœuf haché (haché).

1 oignon, haché

2 morceaux de tige de gingembre hachée

50 g de noix de cajou hachées

2,5 ml/½ cuillère à café de poudre aux cinq épices

15 ml/1 cuillère à soupe de sauce soja

30 ml/2 cuillères à soupe de sauce hoisin

2,5 ml/½ cuillère à café de vinaigre de vin

15 ml/1 cuillère à soupe de farine de maïs (amidon de maïs)

45 ml/3 cuillères à soupe d'eau

Mélanger la farine, la levure, le sucre, le sel et le lait tiède ou l'eau et pétrir jusqu'à obtenir une pâte lisse. Couvrir et laisser lever dans un endroit tiède pendant 45 minutes. Faites chauffer l'huile et faites frire la viande jusqu'à ce qu'elle soit légèrement dorée. Ajouter l'oignon, le gingembre, les noix de cajou, la poudre de cinq épices, la sauce soja, la sauce hoisin et le vinaigre de vin et porter à ébullition. Mélangez la semoule de maïs et l'eau, incorporez-la à la sauce et faites bouillir pendant 2 minutes. Laisser refroidir. Former 16 boules avec la pâte. Aplatissez, versez un peu de garniture dans chacun et refermez la pâte autour de la garniture. Placer dans un panier vapeur dans un wok ou une casserole, couvrir et cuire dans l'eau salée pendant environ 30 minutes.

Boulettes de viande croustillantes

Vous en portez 4

225 g/8 oz de bœuf haché (haché).
100 g de châtaignes d'eau hachées
2 oeufs battus
5 ml/1 cuillère à café de zeste d'orange râpé
5 ml/1 cuillère à soupe de racine de gingembre moulue
5 ml/1 cuillère à café de sel
15 ml/1 cuillère à soupe de farine de maïs (amidon de maïs)
225 g/8 oz/2 tasses de farine nature (tout usage).
5 ml/1 cuillère à café de levure chimique
300 ml/¬Ω pour/1¬Ω tasse d'eau
15 ml/1 cuillère à soupe d'huile d'arachide (cacahuètes).
l'huile de friture

Mélangez le bœuf, les châtaignes d'eau, 1 œuf, le zeste d'orange, le gingembre, le sel et la fécule de maïs. Formez des petites boules. Placer dans un bol dans un cuiseur vapeur au-dessus de l'eau bouillante et cuire à la vapeur pendant environ 20 minutes jusqu'à ce qu'il soit cuit. Laisser refroidir.

Mélangez la farine, la levure chimique, le reste de l'œuf, l'eau et l'huile d'arachide pour former une pâte épaisse. Trempez les boulettes de viande dans la pâte. Faites chauffer l'huile et faites frire les boulettes de viande jusqu'à ce qu'elles soient dorées.

Bœuf haché aux noix de cajou

Vous en portez 4

450 g de bœuf (haché).

¬Ω blanc d'oeuf

5 ml/1 cuillère à café de sauce aux huîtres

5 ml/1 cuillère à café de sauce soja légère

quelques gouttes d'huile de sésame

25 g/1 oz de persil frais, haché

45 ml/3 cuillères à soupe d'huile d'arachide (cacahuète).

25 g/1 oz/¬° tasse de noix de cajou, hachées

15 ml/1 cuillère à soupe de bouillon de bœuf

4 grosses feuilles de laitue

Mélangez le bœuf avec le blanc d'œuf, la sauce d'huîtres, la sauce soja, l'huile de sésame et le persil et laissez reposer. Faites chauffer la moitié de l'huile et faites frire les noix de cajou jusqu'à ce qu'elles soient légèrement dorées, puis retirez-les de la poêle. Faites chauffer le reste de l'huile et faites frire le mélange de viande jusqu'à ce qu'il soit doré. Ajoutez le bouillon et continuez à frire jusqu'à ce que presque tout le liquide soit évaporé. Disposez les feuilles de laitue sur une assiette chaude et versez sur la viande. Il est servi saupoudré de noix de cajou grillées

Boeuf à la sauce rouge

Vous en portez 4

60 ml/4 cuillères à soupe d'huile d'arachide (cacahuètes).

450 g de bœuf (haché).

1 oignon, haché

1 poivron rouge, haché

1 poivron vert, haché

2 tranches d'ananas, hachées

45 ml/3 cuillères à soupe de sauce soja

45 ml/3 cuillères à soupe de vin blanc sec

30 ml/2 cuillères à soupe de vinaigre de vin

30 ml/2 cuillères à soupe de miel

300 ml/¬Ω pour/1¬° tasse de bouillon de bœuf

sel et poivre fraîchement moulu

quelques gouttes d'huile de piment fort

Faites chauffer l'huile et faites frire la viande jusqu'à ce qu'elle soit légèrement dorée. Ajoutez les légumes et l'ananas et faites revenir 3 minutes. Ajoutez la sauce soja, le vin, le vinaigre de vin, le miel et le bouillon. Porter à ébullition, couvrir et laisser mijoter 30 minutes jusqu'à ce qu'il soit bien cuit. Assaisonner au goût avec du sel, du poivre et de l'huile de piment fort.

Boulettes de bœuf au riz gluant

Vous en portez 4

225 g de riz gluant

450 g de bœuf maigre, haché (haché)
1 tranche de racine de gingembre, hachée
1 petit oignon, haché
1 œuf légèrement battu
15 ml/1 cuillère à soupe de sauce soja
2,5 ml/½ cuillère à café de semoule de maïs (amidon de maïs)
2,5 ml/½ cuillère à café de sucre
2,5 ml/½ cuillère à café de sel
5 ml/1 cuillère à café de vin de riz ou de xérès sec

Faites tremper le riz pendant 30 minutes, puis égouttez-le et disposez-le dans une assiette. Mélangez le bœuf, le gingembre, l'oignon, l'œuf, la sauce soja, l'huile, le sucre, le sel et le vin ou le xérès. Former des boules de la taille d'une noix. Roulez les boulettes de viande dans le riz pour les recouvrir complètement, puis disposez-les sur une plaque à pâtisserie peu profonde, en laissant des espaces entre elles. Cuire sur un grill au-dessus de l'eau bouillante pendant 30 minutes. Il est servi avec de la sauce soja et une trempette à la moutarde chinoise.

Boulettes de viande à la sauce aigre-douce

Vous en portez 4

450 g de bœuf (haché).

1 oignon, finement haché

25 g de châtaignes d'eau finement hachées

15 ml/1 cuillère à soupe de sauce soja

15 ml/1 cuillère à soupe de vin de riz ou de xérès sec

1 oeuf battu

100 g/4 oz/¬Ω tasse de semoule de maïs (amidon de maïs)

l'huile de friture

Pour la sauce:

15 ml/1 cuillère à soupe d'huile d'arachide (cacahuètes).

1 poivron vert, coupé en dés

100 g de morceaux d'ananas au sirop

100 g de cornichons sucrés chinois mélangés

100 g/4 oz/¬Ω tasse de cassonade

120 ml/4 fl oz/¬Ω tasse de bouillon de poulet

60 ml/4 cuillères à soupe de vinaigre de vin

15 ml/1 cuillère à soupe de purée de tomates (pâte)

15 ml/1 cuillère à soupe de farine de maïs (amidon de maïs)

15 ml/1 cuillère à soupe de sauce soja

sel et poivre fraîchement moulu

45 ml/3 cuillères à soupe de noix de coco râpée

Incorporer le bœuf, l'oignon, les châtaignes d'eau, la sauce soja et le vin ou le xérès. Formez des boules et roulez-les dans l'œuf battu puis dans la fécule de maïs. Faire frire dans l'huile chaude pendant quelques minutes jusqu'à ce qu'ils soient dorés. Transférer dans une assiette chaude et réserver au chaud.

Pendant ce temps, faites chauffer l'huile et faites revenir le poivron pendant 2 minutes. Ajoutez 30 ml/2 cuillères à soupe de sirop d'ananas, 15 ml/1 cuillère à soupe de vinaigre de cornichon, le sucre, le bouillon, le vinaigre de vin, la purée de tomates, l'huile et la sauce soja. Bien mélanger, porter à ébullition et cuire en remuant jusqu'à ce que le mélange clair et épaississe. Égouttez le reste de l'ananas et des cornichons et ajoutez-les à la poêle. Faire bouillir en remuant pendant 2 minutes. Verser sur les boulettes de viande et servir saupoudré de noix de coco.

Pouding à la viande cuit à la vapeur

Vous en portez 4

6 champignons chinois séchés
225 g/8 oz de bœuf haché (haché).
225 g/8 oz de porc haché (haché).
1 oignon, coupé en dés
20 ml/2 cuillères à soupe de chutney de mangue
30 ml/2 cuillères à soupe de sauce hoisin
30 ml/2 cuillères à soupe de sauce soja
5 ml/1 cuillère à café de poudre de cinq épices
1 gousse d'ail, écrasée
5 ml/1 cuillère à café de sel
1 oeuf battu
45 ml/3 cuillères à soupe de farine de maïs (amidon de maïs)
60 ml/4 cuillères à soupe de ciboulette hachée
10 feuilles de chou
300 ml/¬Ω pour/1¬° tasse de bouillon de bœuf

Faites tremper les champignons dans l'eau tiède pendant 30 minutes, puis égouttez-les. Jetez les bouchons et coupez-les. Mélanger le bœuf haché, l'oignon, le chutney, la sauce hoisin, la sauce soja, la poudre de cinq épices et l'ail et assaisonner de sel. Ajoutez l'œuf et la fécule de maïs et incorporez la ciboulette.

Tapisser le panier vapeur de feuilles de chou. Façonnez le hachis en forme de gâteau et placez-le sur les feuilles. Couvrir et laisser mijoter sur feu doux pendant 30 minutes.

Viande hachée cuite à la vapeur

Vous en portez 4

450 g de bœuf (haché).
2 oignons, finement hachés
100 g de châtaignes d'eau, fines
haché
60 ml/4 cuillères à soupe de sauce soja
60 ml/4 cuillères à soupe de vin de riz ou de xérès sec
sel et poivre fraîchement moulu

Mélanger tous les ingrédients, assaisonner au goût avec du sel et du poivre. Presser dans un petit bol résistant à la chaleur et placer dans un cuiseur vapeur au-dessus de l'eau bouillante. Couvrir et cuire à la vapeur pendant environ 20 minutes jusqu'à ce que la viande soit cuite et que le plat ait créé sa savoureuse sauce.

Bœuf haché à la sauce d'huîtres

Vous en portez 4

30 ml/2 cuillères à soupe d'huile d'arachide (cacahuète).
2 gousses d'ail, hachées
225 g/8 oz de bœuf haché (haché).
1 oignon, haché
50 g de châtaignes d'eau hachées
50 g de pousses de bambou hachées
15 ml/1 cuillère à soupe de sauce soja
30 ml/2 cuillères à soupe de vin de riz ou de xérès sec
15 ml/1 cuillère à soupe de sauce aux huîtres

Faites chauffer l'huile et faites revenir l'ail jusqu'à ce qu'il soit légèrement doré. Ajouter le bœuf et remuer jusqu'à ce qu'il soit doré de tous les côtés. Ajoutez l'oignon, les châtaignes d'eau et les pousses de bambou et faites revenir 2 minutes. Ajoutez la sauce soja et le vin ou le xérès, couvrez et laissez mijoter 4 minutes.

Rouleaux de boeuf

Vous en portez 4

350 g/12 oz de bœuf haché (haché).
1 oeuf battu
5 ml/1 cuillère à café de farine de maïs (amidon de maïs)
5 ml/1 cuillère à café d'huile d'arachide (cacahuètes).
sel et poivre fraîchement moulu
4 oignons nouveaux (oignons), hachés
8 paquets d'huile pour rouleaux de printemps pour la friture

Mélangez le bœuf, l'œuf, la fécule de maïs, l'huile, le sel, le poivre et l'oignon nouveau. Laissez reposer 1 heure. Versez le mélange dans chaque feuille de rouleau de printemps, repliez le fond, repliez les côtés puis enroulez les feuilles en scellant les bords avec un peu d'eau. Faites chauffer l'huile et faites frire les petits pains jusqu'à ce qu'ils soient dorés et cuits. Bien égoutter avant de servir.

Boulettes de boeuf et épinards

Vous en portez 4

450 g de bœuf (haché).

1 oeuf

100 g de chapelure

60 ml/4 cuillères à soupe d'eau

15 ml/1 cuillère à soupe de farine de maïs (amidon de maïs)

2,5 ml/¬Ω cuillère à café de sel

15 ml/1 cuillère à soupe de vin de riz ou de xérès sec

30 ml/2 cuillères à soupe d'huile d'arachide (cacahuète).

45 ml/3 cuillères à soupe de sauce soja

120 ml/4 fl oz/¬Ω tasse de bouillon de bœuf

350 g/12 oz d'épinards, hachés

Mélangez le bœuf, l'œuf, la chapelure, l'eau, la crème, le sel et le vin ou le xérès. Former des boules de la taille d'une noix. Faites chauffer l'huile et faites frire les boulettes de viande jusqu'à ce qu'elles soient dorées de tous les côtés. Retirer de la poêle et égoutter l'excès d'huile. Ajoutez la sauce soja et le bouillon dans la poêle et retournez les boulettes de viande. Porter à ébullition, couvrir et laisser mijoter 30 minutes en retournant de temps en temps. Faites cuire les épinards à la vapeur dans une poêle séparée jusqu'à ce qu'ils soient tendres, puis incorporez-les à la viande et faites chauffer.

Bœuf sauté au tofu

Vous en portez 4

20 ml/4 cuillères à soupe de farine de maïs (amidon de maïs)
10 ml/2 cuillères à café de sauce soja
10 ml/2 cuillères à café de vin de riz ou de xérès sec
225 g/8 oz de bœuf haché (haché).
2,5 ml/¬Ω cuillère à café de sucre
30 ml/2 cuillères à soupe d'huile d'arachide (cacahuète).
2,5 ml/¬Ω cuillère à café de sel
1 gousse d'ail, écrasée
120 ml/4 fl oz/¬Ω tasse de bouillon de bœuf
225 g de tofu, coupé en dés
2 oignons nouveaux (oignons), hachés
poudre de poivre fraîchement moulu

Incorporer la moitié de la semoule de maïs, la moitié de la sauce soja et la moitié du vin ou du xérès. Ajouter à la viande et bien mélanger. Faites chauffer l'huile et faites revenir le sel et l'ail pendant quelques secondes. Ajouter le bœuf et faire revenir jusqu'à ce qu'il soit doré. Incorporer le bouillon et porter à ébullition. Ajouter le tofu, couvrir et cuire 2 minutes. Mélangez le reste de la semoule de maïs, la sauce soja et le vin ou le xérès, ajoutez-les à la poêle et faites cuire en remuant jusqu'à ce que la sauce épaississe.

Agneau aux asperges

Vous en portez 4

350 g d'asperges
450 g d'agneau maigre
45 ml/3 cuillères à soupe d'huile d'arachide (cacahuète).
sel et poivre fraîchement moulu
2 gousses d'ail, hachées
250 ml/8 fl oz/1 tasse de bouillon
1 tomate, pelée et tranchée
15 ml/1 cuillère à soupe de farine de maïs (amidon de maïs)
45 ml/3 cuillères à soupe d'eau
15 ml/1 cuillère à soupe de sauce soja

Coupez les asperges en morceaux en diagonale et placez-les dans un bol. Versez sur de l'eau bouillante et laissez reposer 2 minutes, puis égouttez. Tranchez finement l'agneau contre le grain. Faites chauffer l'huile et faites frire l'agneau jusqu'à ce qu'il soit légèrement coloré. Ajoutez du sel, du poivre et de l'ail et faites revenir 5 minutes. Ajouter les asperges, le bouillon et les tomates, porter à ébullition, couvrir et cuire 2 minutes. Mélangez la semoule de maïs, l'eau et la sauce soja pour obtenir une pâte, mélangez dans la poêle et faites cuire en remuant jusqu'à ce que la sauce soit claire et épaissie.

carré d'agneau

Vous en portez 4

450 g d'agneau maigre, coupé en lanières
120 ml/4 fl oz/¬Ω tasse de sauce soja
120 ml/4 fl oz/¬Ω tasse de vin de riz ou de xérès sec
1 gousse d'ail, écrasée
3 oignons nouveaux (oignons), hachés
5 ml/1 cuillère à café d'huile de sésame
sel et poivre fraîchement moulu

Placer l'agneau dans un bol. Mélanger les autres ingrédients, verser sur l'agneau et laisser mariner 1 heure. Griller (rôtir) sur des charbons ardents jusqu'à ce que l'agneau soit bien cuit, en l'arrosant de sauce si nécessaire.

Agneau aux haricots verts

Vous en portez 4

450 g de haricots verts coupés en julienne
45 ml/3 cuillères à soupe d'huile d'arachide (cacahuète).
450 g d'agneau maigre, tranché finement
250 ml/8 fl oz/1 tasse de bouillon
5 ml/1 cuillère à café de sel
2,5 ml/¬Ω cuillère à café de poivre fraîchement moulu
15 ml/1 cuillère à soupe de farine de maïs (amidon de maïs)
5 ml/1 cuillère à café de sauce soja
75 ml/5 cuillères à soupe d'eau

Faites bouillir les haricots dans l'eau bouillante pendant 3 minutes, puis égouttez-les bien. Faites chauffer l'huile et faites frire la viande jusqu'à ce qu'elle soit légèrement dorée de tous les côtés. Ajouter le bouillon, porter à ébullition, couvrir et laisser mijoter 5 minutes. Ajoutez les haricots, salez et poivrez, couvrez et laissez cuire 4 minutes jusqu'à ce que la viande soit cuite. Mélangez la semoule de maïs, la sauce soja et l'eau pour obtenir une pâte, ajoutez-la à la poêle et faites cuire en remuant jusqu'à ce que la sauce soit claire et épaissie.

agneau bouilli

Vous en portez 4

450 g de longe d'agneau désossée, coupée en dés
15 ml/1 cuillère à soupe d'huile d'arachide (cacahuètes).
4 oignons nouveaux (oignons verts), tranchés
10 ml/2 cuillères à café de racine de gingembre râpée
200 ml/¬Ω pour/1¬° tasse de soupe au poulet
30 ml/2 cuillères à soupe de sucre
30 ml/2 cuillères à soupe de sauce soja
15 ml/1 cuillère à soupe de sauce hoisin
15 ml/1 cuillère à soupe de vin de riz ou de xérès sec
5 ml/1 cuillère à café d'huile de sésame

Faites bouillir l'agneau dans l'eau bouillante pendant 5 minutes, puis égouttez-le. Faites chauffer l'huile et faites frire l'agneau pendant environ 5 minutes jusqu'à ce qu'il soit doré. Retirer de la poêle et égoutter sur du papier absorbant. Retirez tout sauf 15 ml/1 cuillère à soupe d'huile de la poêle. Faites chauffer l'huile et faites revenir l'oignon nouveau et le gingembre pendant 2 minutes. Remettez la viande dans la poêle avec les autres ingrédients. Porter à ébullition, couvrir et laisser mijoter 1 Ω heures jusqu'à ce que la viande soit tendre.

Agneau au brocoli

Vous en portez 4

75 ml/5 cuillères à soupe d'huile d'arachide (cacahuètes).
1 gousse d'ail, écrasée
450 g d'agneau coupé en lanières
450 g de fleurons de brocoli
250 ml/8 fl oz/1 tasse de bouillon
5 ml/1 cuillère à café de sel
2,5 ml/¬Ω cuillère à café de poivre fraîchement moulu
30 ml/2 cuillères à soupe de farine de maïs (amidon de maïs)
75 ml/5 cuillères à soupe d'eau
5 ml/1 cuillère à café de sauce soja

Faites chauffer l'huile et faites revenir l'ail et l'agneau jusqu'à ce qu'ils soient cuits. Ajouter le brocoli et le bouillon, porter à ébullition, couvrir et laisser mijoter environ 15 minutes jusqu'à ce que le brocoli soit tendre. Assaisonnez avec du sel et du poivre. Mélangez la semoule de maïs, l'eau et la sauce soja pour obtenir une pâte, mélangez dans la poêle et faites cuire en remuant jusqu'à ce que la sauce soit claire et épaissie.

Agneau aux châtaignes d'eau

Vous en portez 4

350 g d'agneau maigre, coupé en morceaux
15 ml/1 cuillère à soupe d'huile d'arachide (cacahuètes).
2 oignons nouveaux (oignons), tranchés
2 tranches de racine de gingembre, hachées
2 piments rouges, hachés
Tasses d'eau de 600 ml/1 pt/2¬Ω
100 g de navet coupé en dés
1 carotte, coupée en dés
1 bâton de cannelle
2 tranches d'anis étoilé
2,5 ml/¬Ω cuillère à café de sucre
15 ml/1 cuillère à soupe de sauce soja
15 ml/1 cuillère à soupe de vin de riz ou de xérès sec
100 g de châtaignes d'eau
15 ml/1 cuillère à soupe de farine de maïs (amidon de maïs)

45 ml/3 cuillères à soupe d'eau

Faites bouillir l'agneau dans l'eau bouillante pendant 2 minutes, puis égouttez-le. Faites chauffer l'huile et faites revenir l'oignon nouveau, le gingembre et le piment pendant 30 secondes. Ajouter l'agneau et faire revenir jusqu'à ce qu'il soit bien enrobé d'épices. Ajouter le reste des ingrédients sauf les châtaignes d'eau, la semoule de maïs et l'eau, porter à ébullition, couvrir partiellement et laisser mijoter jusqu'à ce que l'agneau soit tendre, environ 1 heure. Vérifiez de temps en temps et complétez avec de l'eau bouillante si nécessaire. Retirez la cannelle et l'anis, ajoutez les châtaignes d'eau et laissez cuire à découvert pendant environ 5 minutes. Mélangez la semoule de maïs et l'eau pour obtenir une pâte et incorporez-en un peu à la sauce. Faire bouillir en remuant jusqu'à ce que la sauce épaississe.

Agneau au chou

Vous en portez 4

45 ml/3 cuillères à soupe d'huile d'arachide (cacahuète).

450 g/1 lb d'agneau, tranché finement

sel et poivre noir fraîchement moulu

1 gousse d'ail, écrasée

450 g de bok choy, râpé

120 ml/4 fl oz/¬Ω réserve par tasse

15 ml/1 cuillère à soupe de farine de maïs (amidon de maïs)

15 ml/1 cuillère à soupe de sauce soja

60 ml/4 cuillères à soupe d'eau

Faites chauffer l'huile et faites revenir l'agneau, le sel, le poivre et l'ail jusqu'à ce qu'ils soient dorés. Ajouter le chou et mélanger jusqu'à ce qu'il soit enrobé d'huile. Ajouter le bouillon, porter à ébullition, couvrir et laisser mijoter 10 minutes. Mélangez la semoule de maïs, la sauce soja et l'eau pour obtenir une pâte, mélangez dans la poêle et faites cuire en remuant jusqu'à ce que la sauce soit claire et épaissie.

Chow Mein à l'Agneau

Vous en portez 4

450 g de pâtes à l'oeuf

45 ml/3 cuillères à soupe d'huile d'arachide (cacahuète).

450 g/1 lb d'agneau, tranché

1 oignon, tranché

1 cœur de céleri, tranché

100 g de champignons

100 g de germes de soja

20 ml/2 cuillères à soupe de farine de maïs (amidon de maïs)

175 ml/6 fl oz/¬œ tasse d'eau

sel et poivre fraîchement moulu

Faites cuire les tagliatelles dans l'eau bouillante pendant environ 8 minutes, puis égouttez-les. Faites chauffer l'huile et saisissez l'agneau jusqu'à ce qu'il soit légèrement doré. Ajouter l'oignon, le céleri, les champignons et les germes de soja

faire frire pendant 5 minutes. Mélangez la semoule de maïs et l'eau, versez dans la casserole et portez à ébullition. Faire bouillir en remuant jusqu'à ce que la sauce épaississe. Verser sur les nouilles et servir immédiatement.

Curry d'agneau

Vous en portez 4

30 ml/2 cuillères à soupe d'huile d'arachide (cacahuète).
2 gousses d'ail, hachées
1 tranche de racine de gingembre, hachée
450 g d'agneau maigre, coupé en dés
100 g de pommes de terre en dés
2 carottes, coupées en dés
15 ml/1 cuillère à soupe de curry en poudre
250 ml/8 fl oz/1 tasse de bouillon de poulet
100 g de champignons tranchés
1 poivron vert, coupé en dés
50 g de châtaignes d'eau tranchées

Faites chauffer l'huile et faites revenir l'ail et le gingembre jusqu'à ce qu'ils soient légèrement dorés. Ajoutez l'agneau et faites revenir 5 minutes. Ajoutez les pommes de terre et les carottes et faites revenir 3 minutes. Ajoutez la poudre de curry et faites revenir 1 minute. Ajouter le bouillon, porter à ébullition, couvrir et laisser mijoter environ 25 minutes. Ajoutez les champignons, le poivre et les châtaignes d'eau et laissez cuire 5 minutes. Si vous préférez une sauce plus épaisse, laissez mijoter quelques minutes pour réduire la sauce ou épaississez avec 15 ml/1 cuillère à soupe de fécule de maïs mélangée à un peu d'eau.

Agneau parfumé

Vous en portez 4

30 ml/2 cuillères à soupe d'huile d'arachide (cacahuète).
450 g d'agneau maigre, coupé en dés
2 oignons nouveaux (oignons), hachés
1 gousse d'ail, écrasée
1 tranche de racine de gingembre, hachée
120 ml/4 fl oz/¬Ω tasse de sauce soja
15 ml/1 cuillère à soupe de vin de riz ou de xérès sec
15 ml/1 cuillère à soupe de cassonade

2,5 ml/¬Ω cuillère à café de sel
poivre fraîchement moulu
300 ml/¬Ω pour/1¬° tasse d'eau

Faites chauffer l'huile et faites frire l'agneau jusqu'à ce qu'il soit légèrement doré. Ajouter l'oignon nouveau, l'ail et le gingembre et faire revenir pendant 2 minutes. Ajoutez la sauce soja, le vin ou le xérès, le sucre et le sel et assaisonnez avec du poivre au goût. Mélangez bien les ingrédients. Ajouter l'eau, porter à ébullition, couvrir et laisser mijoter 2 heures.

Cubes d'agneau grillés

Vous en portez 4

120 ml/4 fl oz/¬Ω tasse d'huile d'arachide (cacahuète).
60 ml/4 cuillères à soupe de vinaigre de vin
2 gousses d'ail, hachées
15 ml/1 cuillère à soupe de sauce soja
5 ml/1 cuillère à café de sel
2,5 ml/¬Ω cuillère à café de poivre fraîchement moulu
2,5 ml/¬Ω cuillère à café d'origan
450 g d'agneau maigre, coupé en dés

Mélanger tous les ingrédients, couvrir et laisser mariner toute la nuit. Fuite. Placer la viande sur une grille (grill) et faire griller (grill) pendant environ 15 minutes en la retournant plusieurs fois, jusqu'à ce que l'agneau soit tendre et légèrement doré.

Agneau au Mangetout

Vous en portez 4

2 gousses d'ail, hachées
2,5 ml/¬Ω cuillère à café de sel
450 g/1 lb d'agneau, coupé en dés
30 ml/ 2 cuillères à soupe de farine de maïs (amidon de maïs)
30 ml/2 cuillères à soupe d'huile d'arachide (cacahuète).
450 g de pois mange-tout (pois), coupés en quartiers
250 ml/8 fl oz/1 tasse de bouillon de poulet
10 ml/2 cuillères à café de zeste de citron râpé
30 ml/2 cuillères à soupe de miel

30 ml/2 cuillères à soupe de sauce soja

5 ml/1 cuillère à café de coriandre moulue

5 ml/1 cuillère à café de graines de cumin moulues

30 ml/2 cuillères à soupe de purée de tomates (pâte)

30 ml/2 cuillères à soupe de vinaigre de vin

Incorporer l'ail et le sel et mélanger avec l'agneau. Passez l'agneau dans la poêle. Faites chauffer l'huile et faites frire l'agneau jusqu'à ce qu'il soit cuit. Ajoutez les pois mange-tout et faites revenir 2 minutes. Mélangez le reste de la semoule de maïs avec le bouillon et versez dans la poêle avec les autres ingrédients. Porter à ébullition en remuant, puis laisser mijoter 3 minutes.

Agneau mariné

Vous en portez 4

450 g d'agneau maigre

2 gousses d'ail, hachées

5 ml/1 cuillère à café de sel

120 ml/4 fl oz/¬Ω tasse de sauce soja

5 ml/1 cuillère à café de sel de céleri

l'huile de friture

Placer l'agneau dans une casserole et couvrir d'eau froide uniquement. Ajouter l'ail et le sel, porter à ébullition, couvrir et laisser mijoter 1 heure jusqu'à ce que l'agneau soit bien cuit. Retirer de la poêle et égoutter. Placer l'agneau dans un bol, ajouter la sauce soja et saupoudrer de sel de céleri. Couvrir et laisser mariner 2 heures ou toute la nuit. Coupez l'agneau en petits morceaux. Faites chauffer l'huile et faites frire l'agneau jusqu'à ce qu'il soit croustillant. Bien égoutter avant de servir.

Agneau aux champignons

Vous en portez 4

45 ml/3 cuillères à soupe d'huile d'arachide (cacahuète).
350 g/12 oz de champignons, tranchés
100 g de pousses de bambou coupées en tranches
3 tranches de racine de gingembre hachées
450 g/1 lb d'agneau, tranché finement
250 ml/8 fl oz/1 tasse de bouillon

15 ml/1 cuillère à soupe de farine de maïs (amidon de maïs)
15 ml/1 cuillère à soupe de sauce soja
60 ml/4 cuillères à soupe d'eau

Faites chauffer l'huile et faites revenir les champignons, les pousses de bambou et le gingembre pendant 3 minutes. Ajouter l'agneau et cuire jusqu'à ce qu'il soit légèrement doré. Ajouter le bouillon, porter à ébullition, couvrir et laisser mijoter environ 30 minutes jusqu'à ce que l'agneau soit bien cuit et que la sauce ait réduit de moitié. Mélangez la semoule de maïs, la sauce soja et l'eau, mélangez dans la poêle et faites cuire en remuant jusqu'à ce que la sauce soit claire et épaissie.

Agneau à la sauce d'huîtres

Vous en portez 4

30 ml/2 cuillères à soupe d'huile d'arachide (cacahuète).
1 gousse d'ail, écrasée
1 tranche de gingembre finement hachée
450 g de viande maigre, tranchée

250 ml/8 fl oz/1 tasse de bouillon

30 ml/2 cuillères à soupe de sauce aux huîtres

15 ml/1 cuillère à soupe de vin de riz ou de xérès

5 ml/1 cuillère à café de sucre

Faites chauffer l'huile avec l'ail et le gingembre et faites-les revenir jusqu'à ce qu'ils soient dorés. Ajouter l'agneau et faire revenir environ 3 minutes jusqu'à ce qu'il soit légèrement doré. Ajouter le bouillon, la sauce aux huîtres, le vin ou le xérès et le sucre, porter à ébullition en remuant, puis couvrir et laisser mijoter environ 30 minutes, en remuant de temps en temps, jusqu'à ce que l'agneau soit bien cuit. Retirez le couvercle et poursuivez la cuisson en remuant pendant environ 4 minutes jusqu'à ce que la sauce réduise et épaississe.

Agneau cuit rouge

Vous en portez 4

30 ml/2 cuillères à soupe d'huile d'arachide (cacahuète).

Côtelettes d'agneau 450 g/1 lb

250 ml/8 fl oz/1 tasse de bouillon de poulet
1 oignon, tranché
120 ml/4 fl oz/½ tasse de sauce soja
5 ml/1 cuillère à café de sel
1 tranche de racine de gingembre, hachée

Faites chauffer l'huile et faites frire les escalopes jusqu'à ce qu'elles soient dorées des deux côtés. Ajouter le reste des ingrédients, porter à ébullition, couvrir et laisser mijoter environ 1½ heures jusqu'à ce que l'agneau soit tendre et que la sauce ait réduit.

Agneau aux oignons nouveaux

Vous en portez 4

350 g d'agneau maigre en dés
30 ml/2 cuillères à soupe de sauce soja
30 ml/2 cuillères à soupe de vin de riz ou de xérès sec

30 ml/2 cuillères à soupe d'huile d'arachide (cacahuète).

2 gousses d'ail, hachées

8 oignons nouveaux (oignons), tranchés épaissement

Placer l'agneau dans un bol. Mélangez 15 ml/1 cuillère à soupe de sauce soja, 15 ml/1 cuillère à soupe de vin ou de xérès et 15 ml/1 cuillère à soupe d'huile et incorporez à l'agneau. Laisser mariner 30 minutes. Faites chauffer le reste de l'huile et faites revenir l'ail jusqu'à ce qu'il soit doré. Égoutter le bœuf, l'ajouter à la poêle et faire revenir 3 minutes. Ajouter les oignons nouveaux et faire revenir pendant 2 minutes. Ajoutez le reste de la marinade et de la sauce soja ainsi que le vin ou le xérès et faites frire pendant 3 minutes.

Steaks d'agneau tendres

Vous en portez 4

450 g d'agneau maigre

15 ml/1 cuillère à soupe de sauce soja

10 ml/2 cuillères à café de vin de riz ou de xérès sec

2,5 ml/¬Ω cuillère à café de sel

1 petit oignon, haché

45 ml/3 cuillères à soupe d'huile d'arachide (cacahuète).

Tranchez finement l'agneau contre le grain et disposez-le sur une assiette. Mélangez la sauce soja, le vin ou le xérès, le sel et l'huile, versez sur l'agneau, couvrez et laissez mariner 1 heure. Bien égoutter. Faites chauffer l'huile et faites frire l'agneau pendant environ 2 minutes jusqu'à ce qu'il soit tendre.

ragoût d'agneau

Vous en portez 4

45 ml/3 cuillères à soupe d'huile d'arachide (cacahuète).

2 gousses d'ail, hachées

5 ml/1 cuillère à café de sauce soja

450 g d'agneau maigre, coupé en dés

poivre fraîchement moulu

30 ml/2 cuillères à soupe de farine nature (tout usage).

300 ml/¬Ω pour/1¬° tasse d'eau

15 ml/1 cuillère à soupe de purée de tomates (pâte)

1 feuille de laurier

100 g de champignons coupés en deux

3 carottes, coupées en quartiers

6 petits oignons, coupés en quartiers

15 ml/1 cuillère à soupe de sucre

1 branche de céleri, tranchée

3 pommes de terre en dés

15 ml/1 cuillère à soupe de vin de riz ou de xérès sec

50 g de petits pois

15 ml/1 cuillère à soupe de persil frais haché

Faites chauffer la moitié de l'huile. Mélanger l'ail et la sauce soja avec l'agneau et assaisonner de poivre. Faire frire la viande jusqu'à ce qu'elle soit légèrement dorée. Saupoudrer de farine et cuire en remuant jusqu'à ce que la farine soit absorbée. Ajouter l'eau, le concentré de tomates et le laurier, porter à ébullition, couvrir et laisser mijoter 30 minutes. Faites chauffer le reste de l'huile et faites revenir les champignons pendant 3 minutes, puis retirez-les de la poêle. Ajoutez les carottes et les oignons dans la poêle et faites revenir 2 minutes. Saupoudrer de sucre et chauffer jusqu'à ce que les légumes brillent. Ajoutez les champignons, les carottes, les oignons, le céleri et les pommes de terre au ragoût, couvrez à nouveau et laissez mijoter encore une heure. Ajoutez le vin ou le xérès, les petits pois et le persil,

Agneau rôti

Vous en portez 4

350 g d'agneau maigre, coupé en lanières

1 tranche de racine de gingembre, hachée finement
3 oeufs battus
45 ml/3 cuillères à soupe d'huile d'arachide (cacahuète).
2,5 ml/½ cuillère à café de sel
5 ml/1 cuillère à café de vin de riz ou de xérès sec

Incorporer l'agneau, le gingembre et les œufs. Faites chauffer l'huile et faites frire le mélange d'agneau pendant 2 minutes. Incorporer le sel et le vin ou le xérès et faire revenir pendant 2 minutes.

Agneau et Légumes

Vous en portez 4

225 g/8 oz d'agneau maigre, tranché

100 g de pousses de bambou coupées en tranches

100 g de châtaignes d'eau tranchées

100 g de champignons tranchés

30 ml/2 cuillères à soupe d'huile d'arachide (cacahuète).

30 ml/2 cuillères à soupe de sauce soja

30 ml/2 cuillères à soupe de vin de riz ou de xérès sec

2 gousses d'ail, hachées

4 oignons nouveaux (oignons verts), tranchés

150 ml/¬° pt/ohm tasse de soupe au poulet

15 ml/1 cuillère à soupe d'huile de sésame

15 ml/1 cuillère à soupe de farine de maïs (amidon de maïs)

Incorporer l'agneau, les pousses de bambou, les châtaignes d'eau et les champignons. Mélangez 15 ml/1 cuillère à soupe d'huile, 15 ml/1 cuillère à soupe de sauce soja et 15 ml/1 cuillère à soupe de vin ou de xérès et versez sur le mélange d'agneau. Laisser mariner 1 heure. Faites chauffer le reste de l'huile et faites revenir l'ail jusqu'à ce qu'il soit doré. Ajouter le mélange de viande et faire revenir jusqu'à ce qu'il soit doré. Incorporez les oignons nouveaux, puis ajoutez le reste de la sauce soja et le vin ou le xérès, la majeure partie du bouillon et l'huile de sésame. Porter à ébullition, remuer, couvrir et laisser mijoter 10 minutes. Mélanger la semoule de maïs avec le reste du bouillon, mélanger avec la sauce et cuire en remuant jusqu'à ce que la sauce soit claire et épaissie.

Agneau au tofu

Vous en portez 4

60 ml/4 cuillères à soupe d'huile d'arachide (cacahuètes).
450 g d'agneau maigre, haché grossièrement
3 gousses d'ail, émincées
2 oignons nouveaux (oignons), hachés
4 châtaignes d'eau coupées en dés
5 ml/1 cuillère à café de zeste d'orange râpé
15 ml/1 cuillère à soupe de sauce soja
pincée de sel
100 g de tofu, coupé en dés
2,5 ml/¬Ω cuillère à café de sauce aux huîtres
2,5 ml/¬Ω cuillère à café d'huile de sésame

Faites chauffer la moitié de l'huile et faites revenir l'agneau, l'ail et l'oignon jusqu'à ce qu'ils soient dorés. Ajouter les châtaignes d'eau, le zeste d'orange et la sauce soja et suffisamment d'eau bouillante pour recouvrir la viande. Ramenez à ébullition, couvrez et laissez mijoter environ 30 minutes jusqu'à ce que l'agneau soit bien tendre. Pendant ce temps, faites chauffer le reste de l'huile et faites frire le tofu jusqu'à ce qu'il soit légèrement doré. Ajouter à l'agneau avec la sauce d'huîtres et l'huile de sésame et cuire à découvert pendant 5 minutes.

Agneau rôti

Portion 4-6

2 kg/4 lb de gigot d'agneau
120 ml/4 fl oz/¬Ω tasse de sauce soja
1 oignon, finement haché
2 gousses d'ail, hachées
1 tranche de racine de gingembre, hachée
50 g/2 oz/¬° tasse de cassonade
30 ml/2 cuillères à soupe de vin de riz ou de xérès sec
30 ml/2 cuillères à soupe de purée de tomates (pâte)
15 ml/1 cuillère à soupe de vinaigre de vin
15 ml/1 cuillère à soupe de jus de citron

Disposez l'agneau dans une assiette. Mélanger le reste des ingrédients, puis verser sur l'agneau, couvrir et réfrigérer toute la nuit, en retournant et en arrosant de temps en temps.

Rôtir l'agneau dans un four préchauffé à 220 ¬∞C/425 ¬∞F/gaz 7 pendant 10 minutes, puis réduire le feu à 190 ¬∞C/375 ¬∞F/gaz 5 et poursuivre la cuisson pendant 20 minutes à 1 lb. /450 g plus 20 minutes en arrosant de temps en temps de marinade.

Rôti d'agneau à la moutarde

Portes 8

75 ml/5 cuillères à soupe de moutarde préparée
15 ml/1 cuillère à soupe de sauce soja
1 gousse d'ail, écrasée
5 ml/1 cuillère à café de thym fraîchement haché
1 tranche de racine de gingembre, hachée
15 ml/1 cuillère à soupe d'huile d'arachide (cacahuètes).
1,25 kg/3 lb de gigot d'agneau

Mélangez tous les ingrédients de la vinaigrette jusqu'à obtenir une crème. On l'étale sur l'agneau et on le laisse reposer quelques heures. Rôtir dans un four préchauffé à 180¬∞C/350¬∞F/gaz thermostat 4 pendant environ 1¬Ω heures.

Poitrine d'agneau farcie

Portion 6-8

1 poitrine d'agneau
225 g de riz à grains longs cuit
1 petit poivron vert, haché
2 oignons nouveaux (oignons), hachés
90 ml/6 cuillères à soupe d'huile d'arachide (cacahuète).
sel et poivre fraîchement moulu
Tasses d'eau de 375 ml/13 fl oz/1¬Ω
15 ml/1 cuillère à soupe de farine de maïs (amidon de maïs)
15 ml/1 cuillère à soupe de sauce soja

Découpez une poche dans l'extrémité large de la poitrine d'agneau. Mélangez le riz, le poivre, l'oignon nouveau, 30 ml/2 cuillères à soupe d'huile, le sel et le poivre et remplissez la cavité avec le mélange. Fixez l'extrémité avec de la ficelle. Faites chauffer le reste de l'huile et faites frire l'agneau jusqu'à ce qu'il soit légèrement doré de tous les côtés. Assaisonner de sel et de poivre, ajouter 250 ml/8 fl oz/1 tasse d'eau, porter à ébullition, couvrir et laisser mijoter pendant 2 heures ou jusqu'à ce que la viande soit tendre. Mélangez la semoule de maïs, la sauce soja et le reste de l'eau pour obtenir une pâte, ajoutez-la à la poêle et faites cuire en remuant jusqu'à ce que la sauce soit claire et épaissie.

Agneau au four

Vous en portez 4

100 g de chapelure

4 œufs durs (à la coque), hachés

225 g/8 oz d'agneau cuit, haché

300 ml/¬Ω pour/1¬° tasse de bouillon

15 ml/1 cuillère à soupe de sauce soja

15 ml/1 cuillère à soupe de farine de maïs (amidon de maïs)

30 ml/2 cuillères à soupe d'eau

Disposez la chapelure, les œufs durs et l'agneau en couches dans un plat allant au four. Portez à ébullition le bouillon et la sauce soja dans une casserole. Mélangez la semoule de maïs et l'eau pour obtenir une pâte, incorporez-la au bouillon et faites cuire en remuant jusqu'à ce que la sauce épaississe. Verser sur le mélange d'agneau, couvrir et cuire au four préchauffé à 180 ¬∞C/350 ¬∞C/gaz 4 pendant environ 25 minutes jusqu'à ce qu'il soit doré.

Agneau et riz

Vous en portez 4

30 ml/2 cuillères à soupe d'huile d'arachide (cacahuète).

350 g/12 oz d'agneau cuit, coupé en dés

Stock de tasses de 600 ml/1 pt/2¬Ω

10 ml/2 cuillères à café de sel

10 ml/2 cuillères à café de sauce soja

4 oignons, coupés en quartiers

2 carottes, tranchées

50 g de petits pois

15 ml/1 cuillère à soupe de farine de maïs (amidon de maïs)

30 ml/2 cuillères à soupe d'eau

350 g de riz à grains longs, chaud

Faites chauffer l'huile et faites frire l'agneau jusqu'à ce qu'il soit légèrement doré. Ajoutez le bouillon, le sel et la sauce soja, portez à ébullition, couvrez et laissez mijoter 10 minutes. Ajouter l'oignon, les carottes et les petits pois, couvrir et laisser mijoter 20 minutes jusqu'à ce que les légumes soient tendres. Versez le liquide dans une casserole. Mélangez la semoule de maïs et l'eau pour obtenir une pâte, mélangez avec la sauce et faites cuire en remuant jusqu'à ce que la sauce soit claire et épaissie. Disposez le riz sur une assiette chaude et disposez le mélange d'agneau dessus. Versez dessus la sauce et servez aussitôt.

Agneau de saule

Portions 3

450 g d'agneau maigre
1 œuf légèrement battu
30 ml/2 cuillères à soupe de sauce soja
5 ml/1 cuillère à café de farine de maïs (amidon de maïs)
pincée de sel
l'huile de friture
1 petite carotte, hachée
1 gousse d'ail, écrasée
2,5 ml/¬Ω cuillère à café de sucre
2,5 ml/¬Ω cuillère à café de vinaigre de vin
2,5 ml/¬Ω cuillère à café de vin de riz ou de xérès sec
poivre fraîchement moulu

Coupez l'agneau en fines lanières d'environ 5 cm de long. Mélangez l'œuf, 15 ml/1 cuillère à soupe de sauce soja, la fécule de maïs et le sel, mélangez avec l'agneau et laissez mariner encore 30 minutes. Faites chauffer l'huile et faites frire l'agneau jusqu'à ce qu'il soit à moitié cuit. Retirer de la poêle et égoutter. Versez tout sauf 30 ml/2 cuillères à soupe d'huile et faites revenir la carotte et l'ail pendant 1 minute. Ajoutez l'agneau et les autres ingrédients et faites frire pendant 3 minutes.

Porc aux amandes

Vous en portez 4

60 ml/4 cuillères à soupe d'huile d'arachide (cacahuètes).
50 g de flocons d'amandes
350 g de porc en dés
100 g de pousses de bambou coupées en dés
3 branches de céleri coupées en dés
50 g de petits pois
4 châtaignes d'eau coupées en dés
100 g de champignons coupés en dés
250 ml/8 fl oz/1 tasse de bouillon
45 ml/3 cuillères à soupe de sauce soja
sel et poivre fraîchement moulu

Faites chauffer l'huile et faites frire les amandes jusqu'à ce qu'elles soient légèrement dorées. Retirez la majeure partie de l'huile, ajoutez le porc et faites revenir 1 minute. Ajoutez les pousses de bambou, le céleri, les petits pois, les châtaignes d'eau et les champignons et faites revenir 1 minute. Ajouter le bouillon, la sauce soja, le sel et le poivre, porter à ébullition, couvrir et laisser mijoter 10 minutes.

Porc aux pousses de bambou

Vous en portez 4

30 ml/2 cuillères à soupe d'huile d'arachide (cacahuète).
450 g de porc maigre, coupé en dés
3 oignons nouveaux (oignons), tranchés
2 gousses d'ail, hachées
1 tranche de racine de gingembre, hachée
250 ml/8 fl oz/1 tasse de sauce soja
30 ml/2 cuillères à soupe de vin de riz ou de xérès sec
30 ml/2 cuillères à soupe de cassonade
5 ml/1 cuillère à café de sel
600 ml/1 pt/2½ tasses d'eau
100 g de pousses de bambou coupées en tranches

Faites chauffer l'huile et faites frire le porc jusqu'à ce qu'il soit doré. Égoutter l'excès d'huile, ajouter les oignons nouveaux, l'ail et le gingembre et faire revenir pendant 2 minutes. Ajoutez la sauce soja, le vin ou le xérès, le sucre et le sel et mélangez bien. Ajouter l'eau, porter à ébullition, couvrir et laisser mijoter 45 minutes. Ajoutez les pousses de bambou, couvrez et laissez mijoter encore 20 minutes.

Porc grillé

Vous en portez 4

2 filets de porc
30 ml/2 cuillères à soupe de vin rouge
15 ml/1 cuillère à soupe de cassonade
15 ml/1 cuillère de miel
60 ml/4 cuillères à soupe de sauce soja
2,5 ml/½ cuillère à café de cannelle
10 ml/2 cuillères à café de colorant alimentaire rouge (facultatif)
1 gousse d'ail, écrasée
1 oignon nouveau (oignon), coupé en petits morceaux

Mettez la viande dans un bol. Mélanger tous les autres ingrédients, verser sur le porc et laisser mariner 2 heures en retournant de temps en temps. Égouttez la viande et placez-la sur une grille dans une poêle. Cuire au four préchauffé à 180°C/350°'F/thermostat 4 pendant environ 45 minutes, en retournant et en arrosant de marinade pendant la cuisson. Il est servi coupé en fines tranches.

Chou Porc Et Haricots

Vous en portez 4

225 g/8 oz de porc maigre, tranché
1 tranche de racine de gingembre, hachée
30 ml/2 cuillères à soupe de sauce soja
15 ml/1 cuillère à soupe de vin de riz ou de xérès sec
2,5 ml/½ cuillère à café de sucre
450 g de germes de soja
45 ml/3 cuillères à soupe d'huile d'arachide (cacahuète).
2,5 ml/½ cuillère à café de sel

Incorporer le porc, le gingembre, 15 ml/1 cuillère à soupe de sauce soja, le vin ou le xérès et le sucre. Blanchissez les germes de soja dans l'eau bouillante pendant 2 minutes, puis égouttez-les. Faites chauffer la moitié de l'huile et faites frire le porc pendant 3 minutes jusqu'à ce qu'il soit légèrement doré. Retirer de la poêle. Faites chauffer le reste de l'huile et faites revenir les germes de soja avec du sel pendant 1 minute. Arroser du reste de sauce soja et faire revenir encore une minute. Remettez le porc dans la poêle et saisissez-le jusqu'à ce qu'il soit bien chaud.

Poulet aux pousses de bambou

Vous en portez 4

45 ml/3 cuillères à soupe d'huile d'arachide (cacahuète).
1 gousse d'ail, écrasée
1 oignon nouveau (oignon), haché
1 tranche de racine de gingembre, hachée
225 g de blanc de poulet coupé en flocons
225 g de pousses de bambou, coupées en flocons
45 ml/3 cuillères à soupe de sauce soja
15 ml/1 cuillère à soupe de vin de riz ou de xérès sec
5 ml/1 cuillère à café de farine de maïs (amidon de maïs)

Faites chauffer l'huile et faites revenir l'ail, l'oignon nouveau et le gingembre jusqu'à ce qu'ils soient légèrement dorés. Ajouter le poulet et faire revenir 5 minutes. Ajoutez les pousses de bambou et faites revenir 2 minutes. Incorporer la sauce soja, le vin ou le xérès et la semoule de maïs et faire sauter pendant environ 3 minutes jusqu'à ce que le poulet soit bien cuit.

Jambon cuit à la vapeur

6 à 8 portions

900 g de jambon frais
30 ml/2 cuillères à soupe de cassonade
60 ml/4 cuillères à soupe de vin de riz ou de xérès sec

Placez le jambon dans un plat résistant à la chaleur sur une grille, couvrez et faites cuire à la vapeur dans l'eau bouillante pendant environ 1 heure. Ajoutez le sucre et le vin ou le xérès dans la casserole, couvrez et faites cuire à la vapeur pendant encore une heure ou jusqu'à ce que le jambon soit cuit. Laisser refroidir dans le bol avant de trancher.

Bacon Au Chou

Vous en portez 4

4 tranches de bacon entrelacé, pelées et hachées
2,5 ml/½ cuillère à café de sel
1 tranche de racine de gingembre, hachée
½ chou, haché
75 ml/5 cuillères à soupe de bouillon de poulet
15 ml/1 cuillère à soupe de sauce aux huîtres

Faites frire le bacon jusqu'à ce qu'il soit croustillant, puis retirez-le de la poêle. Ajoutez le sel et le gingembre et faites frire pendant 2 minutes. Ajoutez le chou et remuez bien, puis incorporez le bacon et ajoutez le bouillon, couvrez et laissez cuire environ 5 minutes jusqu'à ce que le chou soit tendre mais encore un peu croquant. Ajouter la sauce aux huîtres, couvrir et laisser mijoter 1 minute avant de servir.

Poulet aux amandes

Portions 4 à 6

375 ml/13 fl oz/1½ tasse de bouillon de poulet

60 ml/4 cuillères à soupe de vin de riz ou de xérès sec

45 ml/3 cuillères à soupe de farine de maïs (amidon de maïs)

15 ml/1 cuillère à soupe de sauce soja

4 poitrines de poulet

1 blanc d'oeuf

2,5 ml/½ cuillère à café de sel

l'huile de friture

75 g/3 oz/½ tasse d'amandes blanchies

1 grosse carotte, coupée en dés

5 ml/1 cuillère à café de racine de gingembre râpée

6 oignons nouveaux (oignons), tranchés

3 branches de céleri, tranchées

100 g de champignons tranchés

100 g de pousses de bambou coupées en tranches

Mélangez le bouillon, la moitié du vin ou du xérès, 30 ml/2 cuillères à soupe de fécule de maïs et la sauce soja dans une casserole. Porter à ébullition en remuant, puis laisser mijoter 5 minutes jusqu'à ce que le mélange épaississe. Retirer du feu et réserver au chaud.

Retirez la peau et les os du poulet et coupez-le en morceaux de 2,5 cm. Mélangez le reste du vin ou du xérès et la semoule de maïs, le blanc d'œuf et le sel, ajoutez les morceaux de poulet et mélangez bien. Faites chauffer l'huile et faites frire les morceaux de poulet petit à petit pendant environ 5 minutes jusqu'à ce qu'ils soient dorés. Bien égoutter. Retirez tout sauf 30 ml/2 cuillères à soupe d'huile de la poêle et faites griller les amandes pendant 2 minutes jusqu'à ce qu'elles soient dorées. Bien égoutter. Ajoutez la carotte et le gingembre dans la poêle et faites revenir 1 minute. Ajoutez le reste des légumes et faites sauter pendant environ 3 minutes jusqu'à ce que les légumes soient tendres mais encore croustillants. Placez le poulet et les amandes dans la poêle avec la sauce et remuez à feu modéré pendant quelques minutes jusqu'à ce que le tout soit bien chaud.

Poulet aux amandes et châtaignes d'eau

Vous en portez 4

6 champignons chinois séchés
4 morceaux de poulet, désossés
100 g d'amandes moulues
sel et poivre fraîchement moulu
60 ml/4 cuillères à soupe d'huile d'arachide (cacahuètes).
100 g de châtaignes d'eau tranchées
75 ml/5 cuillères à soupe de bouillon de poulet
30 ml/2 cuillères à soupe de sauce soja

Faites tremper les champignons dans l'eau tiède pendant 30 minutes, puis égouttez-les. Jetez les tiges et coupez les chapeaux. Coupez le poulet en fines tranches. Assaisonnez généreusement les amandes avec du sel et du poivre et enrobez les tranches de poulet d'amandes. Faites chauffer l'huile et faites frire le poulet jusqu'à ce qu'il soit légèrement doré. Ajoutez les champignons, les châtaignes d'eau, le bouillon et la sauce soja, portez à ébullition, couvrez et laissez mijoter quelques minutes jusqu'à ce que le poulet soit bien cuit.

Poulet aux amandes et légumes

Vous en portez 4

75 ml/5 cuillères à soupe d'huile d'arachide (cacahuètes).

4 tranches de racine de gingembre, hachées

5 ml/1 cuillère à café de sel

100 g de chou chinois haché

50 g de pousses de bambou coupées en dés

50 g de champignons coupés en dés

2 branches de céleri coupées en dés

3 châtaignes d'eau coupées en dés

120 ml/4 fl oz/½ tasse de bouillon de poulet

225 g/8 oz de poitrine de poulet, coupée en dés

15 ml/1 cuillère à soupe de vin de riz ou de xérès sec

50 g de pois mange-tout (petits pois)

100 g de flocons d'amandes grillées

10 ml/2 cuillères à soupe de farine de maïs (amidon de maïs)

15 ml/1 cuillère à soupe d'eau

Faites chauffer la moitié de l'huile et faites revenir le gingembre et le sel pendant 30 secondes. Ajoutez le chou, les pousses de bambou, les champignons, le céleri et les châtaignes d'eau et faites revenir 2 minutes. Ajouter le bouillon, porter à ébullition, couvrir et laisser mijoter 2 minutes. Retirez les légumes et la sauce de la poêle. Faites chauffer le reste de l'huile et faites frire le poulet pendant 1 minute. Ajoutez le vin ou le xérès et faites frire pendant 1 minute. Remettez les légumes dans la poêle avec les pois mange-tout et les amandes et laissez cuire 30 secondes. Mélangez la semoule de maïs et l'eau pour obtenir une pâte, mélangez avec la sauce et faites cuire en remuant jusqu'à ce que la sauce épaississe.

Poulet à l'anis

Vous en portez 4

75 ml/5 cuillères à soupe d'huile d'arachide (cacahuètes).

2 oignons, hachés

1 gousse d'ail, hachée

2 tranches de racine de gingembre, hachées

15 ml/1 cuillère à soupe de farine nature (tout usage).

30 ml/2 cuillères à soupe de curry en poudre

450 g de poulet, coupé en dés

15 ml/1 cuillère à soupe de sucre

30 ml/2 cuillères à soupe de sauce soja
450 ml/¾ pour/2 tasses de soupe au poulet
2 tranches d'anis étoilé
225 g de pommes de terre, coupées en dés

Faites chauffer la moitié de l'huile et faites revenir l'oignon jusqu'à ce qu'il brunisse légèrement, puis retirez-le de la poêle. Faites chauffer le reste de l'huile et faites revenir l'ail et le gingembre pendant 30 secondes. Incorporer la farine et la poudre de curry et cuire 2 minutes. Remettez l'oignon dans la poêle, ajoutez le poulet et faites revenir 3 minutes. Ajouter le sucre, la sauce soja, le bouillon et l'anis, porter à ébullition, couvrir et laisser mijoter 15 minutes. Ajouter les pommes de terre, porter à ébullition, couvrir et laisser mijoter encore 20 minutes jusqu'à ce qu'elles soient tendres.

Poulet aux abricots

Vous en portez 4

4 morceaux de poulet

sel et poivre fraîchement moulu

une pincée de gingembre moulu

60 ml/4 cuillères à soupe d'huile d'arachide (cacahuètes).

225 g d'abricots en conserve, coupés en deux

300 ml/½ pt/1 ¼ tasse de sauce aigre-douce

30 ml/2 cuillères à soupe de flocons d'amandes grillées

Assaisonnez le poulet avec du sel, du poivre et du gingembre. Faites chauffer l'huile et faites frire le poulet jusqu'à ce qu'il soit légèrement doré. Couvrir et cuire environ 20 minutes jusqu'à tendreté, en retournant de temps en temps. Égoutter l'huile. Ajouter les abricots et la salsa dans la poêle, porter à ébullition, couvrir et cuire environ 5 minutes ou jusqu'à ce que le tout soit bien chaud. Garnir de flocons d'amandes.

Poulet aux asperges

Vous en portez 4

45 ml/3 cuillères à soupe d'huile d'arachide (cacahuète).

5 ml/1 cuillère à café de sel

1 gousse d'ail, écrasée

1 oignon nouveau (oignon), haché

1 poitrine de poulet, tranchée

30 ml/2 cuillères à soupe de sauce aux haricots noirs

350 g d'asperges coupées en morceaux de 2,5 cm

120 ml/4 fl oz/½ tasse de bouillon de poulet

5 ml/1 cuillère à café de sucre

15 ml/1 cuillère à soupe de farine de maïs (amidon de maïs)

45 ml/3 cuillères à soupe d'eau

Faites chauffer la moitié de l'huile et faites revenir le sel, l'ail et les oignons nouveaux jusqu'à ce qu'ils soient dorés. Ajouter le poulet et faire revenir jusqu'à ce qu'il soit légèrement coloré. Ajouter la sauce aux haricots noirs et remuer pour enrober le poulet. Ajouter les asperges, le bouillon et le sucre, porter à ébullition, couvrir et laisser mijoter 5 minutes jusqu'à ce que le poulet soit tendre. Mélangez la semoule de maïs et l'eau pour obtenir une pâte, mélangez-la dans la poêle et faites cuire en remuant jusqu'à ce que la sauce soit claire et épaissie.

Poulet aux aubergines

Vous en portez 4

225 g/8 oz de poulet, tranché
15 ml/1 cuillère à soupe de sauce soja
15 ml/1 cuillère à soupe de vin de riz ou de xérès sec
15 ml/1 cuillère à soupe de farine de maïs (amidon de maïs)
1 aubergine (aubergine), pelée et coupée en lanières
30 ml/2 cuillères à soupe d'huile d'arachide (cacahuète).
2 piments rouges séchés
2 gousses d'ail, hachées
75 ml/5 cuillères à soupe de bouillon de poulet

Placer le poulet dans un bol. Mélangez la sauce soja, le vin ou le xérès et la fécule de maïs, incorporez-la au poulet et laissez reposer 30 minutes. Faites bouillir les aubergines dans l'eau bouillante pendant 3 minutes, puis égouttez-les bien. Faites chauffer l'huile et faites frire les poivrons jusqu'à ce qu'ils soient foncés, puis retirez-les et jetez-les. Ajouter l'ail et le poulet et faire revenir jusqu'à ce qu'ils soient légèrement colorés. Ajouter le bouillon et les aubergines, porter à ébullition, couvrir et cuire 3 minutes en remuant de temps en temps.

Poulet enveloppé dans du bacon

Portions 4 à 6

225 g/8 oz de poulet, coupé en dés
30 ml/2 cuillères à soupe de sauce soja
15 ml/1 cuillère à soupe de vin de riz ou de xérès sec
5 ml/1 cuillère à café de sucre
5 ml/1 cuillère à café d'huile de sésame
sel et poivre fraîchement moulu
225 g/8 oz de tranches de bacon
1 œuf légèrement battu
100 g de farine nature (tout usage).
l'huile de friture

4 tomates, tranchées

Mélangez le poulet avec la sauce soja, le vin ou le xérès, le sucre, l'huile de sésame, le sel et le poivre. Couvrir et laisser mariner 1 heure en remuant de temps en temps, puis retirer le poulet et jeter la marinade. Coupez le bacon en petits morceaux et enroulez-le autour des cubes de poulet. Battez les œufs avec la farine jusqu'à obtenir une pâte épaisse, en ajoutant un peu de lait si nécessaire. Trempez les cubes dans la pâte. Faites chauffer l'huile et faites frire les cubes jusqu'à ce qu'ils soient dorés et cuits. Ils sont servis garnis de tomates cerises.

Poulet aux germes de soja

Vous en portez 4

45 ml/3 cuillères à soupe d'huile d'arachide (cacahuète).
1 gousse d'ail, écrasée
1 oignon nouveau (oignon), haché
1 tranche de racine de gingembre, hachée
225 g de blanc de poulet coupé en flocons
225 g/8 oz de germes de soja
45 ml/3 cuillères à soupe de sauce soja
15 ml/1 cuillère à soupe de vin de riz ou de xérès sec

5 ml/1 cuillère à café de farine de maïs (amidon de maïs)

Faites chauffer l'huile et faites revenir l'ail, l'oignon nouveau et le gingembre jusqu'à ce qu'ils soient légèrement dorés. Ajouter le poulet et faire revenir 5 minutes. Ajoutez les germes de soja et faites frire pendant 2 minutes. Incorporer la sauce soja, le vin ou le xérès et la semoule de maïs et faire sauter pendant environ 3 minutes jusqu'à ce que le poulet soit bien cuit.

Poulet à la sauce aux haricots noirs

Vous en portez 4

30 ml/2 cuillères à soupe d'huile d'arachide (cacahuète).
5 ml/1 cuillère à café de sel
30 ml/2 cuillères à soupe de sauce aux haricots noirs
2 gousses d'ail, hachées
450 g de poulet, coupé en dés
250 ml/8 fl oz/1 tasse de bouillon
1 poivron vert, coupé en dés
1 oignon, haché

15 ml/1 cuillère à soupe de sauce soja
poivre fraîchement moulu
15 ml/1 cuillère à soupe de farine de maïs (amidon de maïs)
45 ml/3 cuillères à soupe d'eau

Faites chauffer l'huile et faites revenir le sel, les haricots noirs et l'ail pendant 30 secondes. Ajouter le poulet et faire revenir jusqu'à ce qu'il soit légèrement doré. Ajouter le bouillon, porter à ébullition, couvrir et laisser mijoter 10 minutes. Ajouter le poivron, l'oignon, la sauce soja et le poivre, couvrir et cuire encore 10 minutes. Mélangez la semoule de maïs et l'eau pour obtenir une pâte, mélangez avec la sauce et faites cuire en remuant jusqu'à ce que la sauce épaississe et que le poulet soit tendre.

Poulet au brocoli

Vous en portez 4

450 g de poulet, coupé en dés
225 g de foie de volaille
45 ml/3 cuillères à soupe de farine nature (tout usage).
45 ml/3 cuillères à soupe d'huile d'arachide (cacahuète).
1 oignon, coupé en dés
1 poivron rouge, coupé en dés
1 poivron vert, coupé en dés

225 g de fleurons de brocoli

4 tranches d'ananas, coupées en dés

30 ml/2 cuillères à soupe de purée de tomates (pâte)

30 ml/2 cuillères à soupe de sauce hoisin

30 ml/2 cuillères à soupe de miel

30 ml/2 cuillères à soupe de sauce soja

300 ml/½ cuillère à café/1 ¼ tasse de bouillon de poulet

10 ml/2 cuillères à café d'huile de sésame

Draguez le poulet et les foies de volaille dans la farine. Faites chauffer l'huile et faites revenir le foie pendant 5 minutes, puis retirez-le de la poêle. Ajouter le poulet, couvrir et laisser mijoter à feu modéré pendant 15 minutes en remuant de temps en temps. Ajoutez les légumes et l'ananas et faites revenir 8 minutes. Mettez les foies de volaille dans le wok, ajoutez les autres ingrédients et portez à ébullition. Faire bouillir en remuant jusqu'à ce que la sauce épaississe.

Poulet au chou et cacahuètes

Vous en portez 4

45 ml/3 cuillères à soupe d'huile d'arachide (cacahuète).

30 ml/2 cuillères à soupe de cacahuètes

450 g de poulet, coupé en dés

½ chou, coupé en carrés

15 ml/1 cuillère à soupe de sauce aux haricots noirs

2 piments rouges, hachés

5 ml/1 cuillère à café de sel

Faites chauffer un peu d'huile et faites revenir les noisettes quelques minutes en remuant continuellement. Retirer, égoutter puis réduire en purée. Faites chauffer le reste de l'huile et faites frire le poulet et le chou jusqu'à ce qu'ils soient légèrement dorés. Retirer de la poêle. Ajoutez les haricots noirs et la sauce chili et faites sauter pendant 2 minutes. Remettez le poulet et le chou dans la poêle avec les cacahuètes hachées et assaisonnez de sel. Faire frire jusqu'à ce qu'il soit bien chaud, puis servir immédiatement.

Poulet aux noix de cajou

Vous en portez 4

30 ml/2 cuillères à soupe de sauce soja

30 ml/2 cuillères à soupe de farine de maïs (amidon de maïs)

15 ml/1 cuillère à soupe de vin de riz ou de xérès sec

350 g/12 oz de poulet, coupé en dés

45 ml/3 cuillères à soupe d'huile d'arachide (cacahuète).

2,5 ml/½ cuillère à café de sel

2 gousses d'ail, hachées
225 g de champignons tranchés
100 g de châtaignes d'eau tranchées
100 g de pousses de bambou
50 g de pois mange-tout (petits pois)
225 g/8 oz/2 tasses de noix de cajou
300 ml/½ cuillère à café/1¼ tasse de bouillon de poulet

Mélanger la sauce soja, la fécule de maïs et le vin ou le xérès, verser sur le poulet, couvrir et laisser mariner au moins 1 heure. Faites chauffer 30 ml/2 cuillères à soupe d'huile avec du sel et de l'ail et faites revenir jusqu'à ce que l'ail soit légèrement doré. Ajoutez le poulet avec la marinade et faites frire pendant 2 minutes jusqu'à ce que le poulet soit légèrement doré. Ajoutez les champignons, les châtaignes d'eau, les pousses de bambou et les pois mange-tout et faites revenir 2 minutes. Pendant ce temps, faites chauffer le reste de l'huile dans une poêle à part et faites revenir les noix de cajou à feu doux pendant quelques minutes jusqu'à ce qu'elles soient dorées. Ajoutez-les dans la sauteuse, portez à ébullition, couvrez et laissez mijoter 5 minutes. Si la sauce n'a pas suffisamment épaissi,

Poulet aux châtaignes

Vous en portez 4

225 g/8 oz de poulet, tranché

5 ml/1 cuillère à café de sel

15 ml/1 cuillère à soupe de sauce soja

l'huile de friture

250 ml/8 fl oz/1 tasse de bouillon de poulet

200 g de châtaignes d'eau hachées

225 g de châtaignes hachées

225 g de champignons coupés en quartiers

15 ml/1 cuillère à soupe de persil frais haché

Saupoudrer le poulet de sel et de sauce soja et bien frotter le poulet. Faites chauffer l'huile et faites frire le poulet jusqu'à ce qu'il soit doré, puis retirez-le et égouttez-le. Mettez le poulet dans une casserole avec le bouillon, portez à ébullition et laissez bouillir 5 minutes. Ajouter les châtaignes d'eau, les châtaignes et les champignons, couvrir et laisser mijoter environ 20 minutes jusqu'à ce qu'ils soient tendres. Ils sont servis garnis de persil.

Poulet épicé au piment

Vous en portez 4

350 g de poulet, coupé en dés
1 œuf légèrement battu
10 ml/2 cuillères à café de sauce soja
2,5 ml/½ cuillère à café de semoule de maïs (amidon de maïs)
l'huile de friture
1 poivron vert, coupé en dés
4 gousses d'ail, émincées
2 piments rouges, hachés
5 ml/1 cuillère à café de poivre fraîchement moulu

5 ml/1 cuillère à café de vinaigre de vin

5 ml/1 cuillère à café d'eau

2,5 ml/½ cuillère à café de sucre

2,5 ml/½ cuillère à café d'huile de piment

2,5 ml/½ cuillère à café d'huile de sésame

Mélangez le poulet avec l'œuf, la moitié de la sauce soja et la fécule de maïs et laissez reposer 30 minutes. Faites chauffer l'huile et faites frire le poulet jusqu'à ce qu'il soit doré, puis égouttez-le bien. Versez tout l'huile de la poêle sauf 15 ml/1 cuillère à soupe, ajoutez le poivre, l'ail et les flocons de piment rouge et faites revenir pendant 30 secondes. Ajoutez le poivre, le vinaigre de vin, l'eau et le sucre et faites frire pendant 30 secondes. Remettez le poulet dans la poêle et faites-le revenir quelques minutes jusqu'à ce qu'il soit bien cuit. Il est servi saupoudré de piment et d'huile de sésame.

Poulet frit au chili

Vous en portez 4

225 g/8 oz de poulet, tranché

2,5 ml/½ cuillère à café de sauce soja

2,5 ml/½ cuillère à café d'huile de sésame

2,5 ml/½ cuillère à café de vin de riz ou de xérès sec

5 ml/1 cuillère à café de farine de maïs (amidon de maïs)

sel

45 ml/3 cuillères à soupe d'huile d'arachide (cacahuète).

100 g d'épinards

4 oignons nouveaux (oignons), hachés

2,5 ml/½ cuillère à café de poudre de chili

15 ml/1 cuillère à soupe d'eau

1 tomate, tranchée

Mélangez le poulet avec la sauce soja, l'huile de sésame, le vin ou le xérès, la moitié de la fécule de maïs et une pincée de sel. Laissez reposer 30 minutes. Faites chauffer 15 ml/1 cuillère à soupe d'huile et faites frire le poulet jusqu'à ce qu'il soit légèrement doré. Retirer du wok. Faites chauffer 15 ml/1 cuillère à soupe d'huile et faites revenir les épinards jusqu'à ce qu'ils soient fanés, puis retirez-les du wok. Faites chauffer le reste de l'huile et faites revenir l'oignon nouveau, la poudre de chili, l'eau et le reste de la fécule de maïs pendant 2 minutes. Incorporer le poulet et faire revenir rapidement. Disposez les épinards sur une assiette chauffée, disposez le poulet dessus et servez garni de tomates.

Poulet chinois

Vous en portez 4

100 g de feuilles de Chine hachées
100 g de pousses de bambou coupées en lanières
60 ml/4 cuillères à soupe d'huile d'arachide (cacahuètes).
3 oignons nouveaux (oignons), tranchés
2 gousses d'ail, hachées
1 tranche de racine de gingembre, hachée
225 g de poitrine de poulet coupée en lanières

45 ml/3 cuillères à soupe de sauce soja

15 ml/1 cuillère à soupe de vin de riz ou de xérès sec

5 ml/1 cuillère à café de sel

2,5 ml/½ cuillère à café de sucre

poivre fraîchement moulu

15 ml/1 cuillère à soupe de farine de maïs (amidon de maïs)

Blanchir les feuilles de Chine et les pousses de bambou dans l'eau bouillante pendant 2 minutes. Égoutter et sécher. Faites chauffer 45 ml/3 cuillères à soupe d'huile et faites revenir l'oignon, l'ail et le gingembre jusqu'à ce qu'ils soient légèrement dorés. Ajouter le poulet et faire revenir pendant 4 minutes. Retirer de la poêle. Faites chauffer le reste de l'huile et faites revenir les légumes pendant 3 minutes. Ajouter le poulet, la sauce soja, le vin ou le xérès, le sel, le sucre et une pincée de poivre et faire sauter pendant 1 minute. Mélangez la fécule de maïs avec un peu d'eau, ajoutez-la à la sauce et faites cuire en remuant jusqu'à ce que la sauce soit claire et épaissie.

Poulet chow mein

Vous en portez 4

30 ml/2 cuillères à soupe d'huile d'arachide (cacahuète).
2 gousses d'ail, hachées
450 g de poulet, tranché
225 g de pousses de bambou, tranchées
100 g de céleri, tranché
225 g de champignons tranchés
450 ml/¾ pour/2 tasses de soupe au poulet
225 g/8 oz de germes de soja
4 oignons, tranchés
30 ml/2 cuillères à soupe de sauce soja
30 ml/2 cuillères à soupe de farine de maïs (amidon de maïs)
Nouilles chinoises séchées 225 g/8 oz

Faites chauffer l'huile avec l'ail jusqu'à ce qu'ils soient dorés, puis ajoutez le poulet et faites-le revenir pendant 2 minutes jusqu'à ce qu'il soit doré. Ajoutez les pousses de bambou, le céleri et les champignons et faites revenir 3 minutes. Ajouter la majeure partie du bouillon, porter à ébullition, couvrir et laisser mijoter 8 minutes. Ajouter les germes de soja et l'oignon et cuire 2 minutes en remuant jusqu'à ce qu'il ne reste qu'un peu de bouillon. Mélangez le reste du bouillon avec la sauce soja et la fécule de maïs. Incorporer dans la poêle et cuire en remuant jusqu'à ce que la sauce soit claire et épaissie.

Pendant ce temps, faites cuire les tagliatelles dans de l'eau bouillante salée pendant quelques minutes selon les instructions sur l'emballage. Bien égoutter, puis mélanger avec le mélange de poulet et servir immédiatement.

Poulet frit croustillant et épicé

Vous en portez 4

450 g de poulet, coupé en morceaux

30 ml/2 cuillères à soupe de sauce soja

30 ml/2 cuillères à soupe de sauce aux prunes

45 ml/3 cuillères à soupe de chutney de mangue

1 gousse d'ail, écrasée
2,5 ml/½ cuillère à café de gingembre moulu
quelques gouttes de cognac
30 ml/2 cuillères à soupe de farine de maïs (amidon de maïs)
2 oeufs battus
100 g/4 oz/1 tasse de chapelure sèche
30 ml/2 cuillères à soupe d'huile d'arachide (cacahuète).
6 oignons nouveaux (oignons), hachés
1 poivron rouge, coupé en dés
1 poivron vert, coupé en dés
30 ml/2 cuillères à soupe de sauce soja
30 ml/2 cuillères à soupe de miel
30 ml/2 cuillères à soupe de vinaigre de vin

Placer le poulet dans un bol. Mélangez les sauces, le chutney, l'ail, le gingembre et le cognac, versez sur le poulet, couvrez et laissez mariner 2 heures. Égouttez le poulet et saupoudrez-le de fécule de maïs. Il est recouvert d'œufs puis de chapelure. Faites chauffer l'huile et faites frire le poulet jusqu'à ce qu'il soit doré. Retirer de la poêle. Ajoutez les légumes et faites revenir 4 minutes, puis retirez-les. Égoutter l'huile de la poêle, puis remettre le poulet et les légumes dans la poêle avec les autres ingrédients. Porter à ébullition et réchauffer avant de servir.

Poulet frit aux concombres

Vous en portez 4

225 g de poulet

1 blanc d'oeuf

2,5 ml/½ cuillère à café de semoule de maïs (amidon de maïs)

sel

½ concombre

30 ml/2 cuillères à soupe d'huile d'arachide (cacahuète).

100 g de champignons

50 g de pousses de bambou coupées en lanières

50 g de jambon coupé en dés

15 ml/1 cuillère à soupe d'eau

2,5 ml/½ cuillère à café de sel

2,5 ml/½ cuillère à café de vin de riz ou de xérès sec

2,5 ml/½ cuillère à café d'huile de sésame

Tranchez le poulet et coupez-le en petits morceaux. Mélanger avec le blanc d'œuf, la fécule de maïs et le sel et laisser reposer. Coupez le concombre dans le sens de la longueur et coupez-le en diagonale en tranches épaisses. Faites chauffer l'huile et faites frire le poulet jusqu'à ce qu'il soit légèrement doré, puis retirez-le de la poêle. Ajoutez le concombre et les pousses de bambou et faites revenir 1 minute. Remettez le poulet dans la poêle avec le jambon, l'eau, le sel et le vin ou le xérès. Porter à ébullition et cuire jusqu'à ce que le poulet soit tendre. Il est servi arrosé d'huile de sésame.

Curry de poulet au piment

Vous en portez 4

120 ml/4 fl oz/½ tasse d'huile d'arachide (cacahuète).

4 morceaux de poulet

1 oignon, haché

5 ml/1 cuillère à café de curry en poudre

5 ml/1 cuillère à café de sauce chili

15 ml/1 cuillère à soupe de vin de riz ou de xérès sec

2,5 ml/½ cuillère à café de sel

600 ml/1 pièce/2½ tasses de bouillon de poulet

15 ml/1 cuillère à soupe de farine de maïs (amidon de maïs)

45 ml/3 cuillères à soupe d'eau

5 ml/1 cuillère à café d'huile de sésame

Faites chauffer l'huile et faites revenir les morceaux de poulet jusqu'à ce qu'ils soient dorés des deux côtés, puis retirez-les de la poêle. Ajouter l'oignon, la poudre de curry et la sauce au piment fort et faire revenir pendant 1 minute. Ajoutez le vin ou le xérès et le sel, mélangez bien, puis remettez le poulet dans la poêle et mélangez à nouveau. Ajouter le bouillon, porter à ébullition et laisser mijoter environ 30 minutes jusqu'à ce que le poulet soit tendre. Si la sauce n'a pas suffisamment réduit, mélangez la semoule de maïs et l'eau pour obtenir une pâte, ajoutez-en un peu à la sauce et faites cuire en remuant jusqu'à ce que la sauce épaississe. Il est servi arrosé d'huile de sésame.

Curry de poulet chinois

Vous en portez 4

45 ml/3 cuillères à soupe de curry en poudre

1 oignon, tranché

350 g/12 oz de poulet, coupé en dés
150 ml/¼ pt/½ tasse de bouillon de poulet
5 ml/1 cuillère à café de sel
10 ml/2 cuillères à soupe de farine de maïs (amidon de maïs)
15 ml/1 cuillère à soupe d'eau

Faites chauffer la poudre de curry et l'oignon dans une poêle sèche pendant 2 minutes, en remuant la poêle pour enrober l'oignon. Ajouter le poulet et mélanger jusqu'à ce qu'il soit bien enrobé de poudre de curry. Ajouter le bouillon et le sel, porter à ébullition, couvrir et laisser mijoter environ 5 minutes jusqu'à ce que le poulet soit tendre. Mélangez la semoule de maïs et l'eau pour obtenir une pâte, mélangez dans la poêle et faites cuire en remuant jusqu'à ce que la sauce épaississe.

Curry de poulet rapide

Vous en portez 4

450 g de poitrine de poulet, coupée en dés

45 ml/3 cuillères à soupe de vin de riz ou de xérès sec
50 g/2 oz de semoule de maïs (amidon de maïs)
1 blanc d'oeuf
sel
150 ml/¼ pt/ ½ tasse d'huile d'arachide (arachide).
15 ml/1 cuillère à soupe de curry en poudre
10 ml/2 cuillères à café de cassonade
150 ml/¼ pt/½ tasse de bouillon de poulet

Incorporer les cubes de poulet et le xérès. Réserver 10 ml/2 cuillères à soupe de fécule de maïs. Battez le blanc d'œuf avec le reste de maïs et une pincée de sel, puis mélangez le poulet jusqu'à ce qu'il soit bien enrobé. Faites chauffer l'huile et faites frire le poulet jusqu'à ce qu'il soit cuit et doré. Retirer de la poêle et égoutter tout sauf 15 ml/1 cuillère à soupe d'huile. Incorporer la semoule de maïs réservée, la poudre de curry et le sucre et faire revenir pendant 1 minute. Incorporer le bouillon, porter à ébullition et cuire en remuant constamment jusqu'à ce que la sauce épaississe. Remettez le poulet dans la poêle, remuez et réchauffez avant de servir.

Curry de poulet aux pommes de terre

Vous en portez 4

45 ml/3 cuillères à soupe d'huile d'arachide (cacahuète).

2,5 ml/½ cuillère à café de sel

1 gousse d'ail, écrasée

750 g de poulet, coupé en dés

225 g de pommes de terre, coupées en dés

4 oignons, tranchés

15 ml/1 cuillère à soupe de curry en poudre

450 ml/¾ pour/2 tasses de soupe au poulet

225 g de champignons tranchés

Faites chauffer l'huile avec le sel et l'ail, ajoutez le poulet et faites-le revenir jusqu'à ce qu'il soit doré. Ajoutez les pommes de terre, l'oignon et la poudre de curry et faites revenir pendant 2 minutes. Ajouter le bouillon, porter à ébullition, couvrir et laisser mijoter environ 20 minutes jusqu'à ce que le poulet soit bien cuit, en remuant de temps en temps. Ajoutez les champignons, retirez le couvercle et laissez cuire encore 10 minutes jusqu'à ce que le liquide ait réduit.

Cuisses de poulet frites

Vous en portez 4

2 grosses cuisses de poulet, désossées
2 oignons nouveaux (oignons)
1 tranche de gingembre battue
120 ml/4 fl oz/½ tasse de sauce soja
5 ml/1 cuillère à café de vin de riz ou de xérès sec
l'huile de friture
5 ml/1 cuillère à café d'huile de sésame
poivre fraîchement moulu

Étalez le poulet et étalez-le partout. Battez 1 oignon à plat et hachez l'autre. Mélangez l'oignon pané au gingembre, la sauce soja et le vin ou le xérès. Versez sur le poulet et laissez mariner 30 minutes. Retirer et égoutter. Placer dans une assiette sur une grille et cuire à la vapeur pendant 20 minutes.

Faites chauffer l'huile et faites frire le poulet pendant environ 5 minutes jusqu'à ce qu'il soit doré. Retirer de la poêle, bien égoutter et couper en tranches épaisses, puis disposer les tranches sur un plat de service chaud. Faites chauffer l'huile de sésame, ajoutez l'oignon nouveau et le poivron haché, versez sur le poulet et servez.

Poulet frit à la sauce curry

Vous en portez 4

1 œuf légèrement battu
30 ml/2 cuillères à soupe de farine de maïs (amidon de maïs)
25 g/1 oz/¼ tasse de farine nature (tout usage).
2,5 ml/½ cuillère à café de sel
225 g/8 oz de poulet, coupé en dés
l'huile de friture
30 ml/2 cuillères à soupe d'huile d'arachide (cacahuète).
30 ml/2 cuillères à soupe de curry en poudre
60 ml/4 cuillères à soupe de vin de riz ou de xérès sec

Battez l'œuf avec la fécule de maïs, la farine et le sel jusqu'à obtenir une pâte épaisse. Verser sur le poulet et bien mélanger pour enrober. Faites chauffer l'huile et faites frire le poulet jusqu'à ce qu'il soit doré et cuit. Pendant ce temps, faites chauffer l'huile et faites revenir le curry en poudre pendant 1 minute. Incorporer le vin ou le xérès et porter à ébullition. Placez le poulet sur une assiette chaude et versez dessus la sauce curry.

poulet ivre

Vous en portez 4

450 g de filet de poulet, coupé en morceaux
60 ml/4 cuillères à soupe de sauce soja
30 ml/2 cuillères à soupe de sauce hoisin
30 ml/2 cuillères à soupe de sauce aux prunes
30 ml/2 cuillères à soupe de vinaigre de vin
2 gousses d'ail, hachées
pincée de sel
quelques gouttes d'huile de piment fort
2 blancs d'œufs
60 ml/4 cuillères à soupe de farine de maïs (amidon de maïs)
l'huile de friture
200 ml/½ pt/1¼ tasse de vin de riz ou de xérès sec

Placer le poulet dans un bol. Mélangez les sauces et le vinaigre de vin, l'ail, le sel et l'huile de piment, versez sur le poulet et laissez mariner au réfrigérateur pendant 4 heures. Battre les blancs d'œufs en mousse et incorporer la fécule de maïs. Retirez le poulet de la marinade et recouvrez-le du mélange de blancs d'œufs. Faites chauffer l'huile et faites frire le poulet jusqu'à ce qu'il soit cuit et doré. Égouttez-les bien sur du papier absorbant et mettez-les dans un bol. Verser dessus le vin ou le sherry, couvrir et laisser mariner au réfrigérateur pendant 12 heures. Retirez le poulet du vin et servez frais.

Poulet salé à l'oeuf

Vous en portez 4

30 ml/2 cuillères à soupe d'huile d'arachide (cacahuète).

4 morceaux de poulet

2 oignons nouveaux (oignons), hachés

1 gousse d'ail, écrasée

1 tranche de racine de gingembre, hachée

175 ml/6 fl oz/¾ tasse de sauce soja

30 ml/2 cuillères à soupe de vin de riz ou de xérès sec

30 ml/2 cuillères à soupe de cassonade

5 ml/1 cuillère à café de sel

375 ml/13 fl oz/1½ tasse d'eau

4 œufs durs (à la coque).

15 ml/1 cuillère à soupe de farine de maïs (amidon de maïs)

Faites chauffer l'huile et faites frire les morceaux de poulet jusqu'à ce qu'ils soient dorés. Ajouter l'oignon nouveau, l'ail et le gingembre et faire revenir pendant 2 minutes. Ajoutez la sauce soja, le vin ou le xérès, le sucre et le sel et mélangez bien. Ajouter l'eau et porter à ébullition, couvrir et laisser mijoter 20 minutes. Ajoutez les œufs durs, couvrez et laissez cuire encore 15 minutes. Mélangez la fécule de maïs avec un peu d'eau, ajoutez-la à la sauce et faites cuire en remuant jusqu'à ce que la sauce soit claire et épaissie.

Nems au poulet

Vous en portez 4

4 champignons chinois séchés
100 g de poulet coupé en lanières

5 ml/1 cuillère à café de farine de maïs (amidon de maïs)
15 ml/1 cuillère à soupe de sauce soja
2,5 ml/½ cuillère à café de sel
2,5 ml/½ cuillère à café de sucre
60 ml/4 cuillères à soupe d'huile d'arachide (cacahuètes).
225 g/8 oz de germes de soja
3 oignons nouveaux (oignons), hachés
100 g d'épinards
12 nems
1 oeuf battu
l'huile de friture

Faites tremper les champignons dans l'eau tiède pendant 30 minutes, puis égouttez-les. Jetez les tiges et coupez les chapeaux. Placer le poulet dans un bol. Mélangez la semoule de maïs avec 5 ml/1 cuillère à soupe de sauce soja, le sel et le sucre et incorporez-la au poulet. Laissez reposer 15 minutes. Faites chauffer la moitié de l'huile et faites frire le poulet jusqu'à ce qu'il soit légèrement doré. Blanchir les germes de soja dans l'eau bouillante pendant 3 minutes, puis égoutter. Faites chauffer le reste de l'huile et faites revenir l'oignon nouveau jusqu'à ce qu'il soit légèrement doré. Incorporer les champignons, les germes de soja, les épinards et le reste de la sauce soja. Ajouter le poulet et faire revenir 2 minutes. Laisser refroidir. Mettez un peu de garniture au centre de chaque coquille et badigeonnez les bords d'œuf battu. Pliez les côtés puis enroulez les rouleaux en scellant les bords avec de l'œuf. Faites chauffer l'huile et faites frire les petits pains jusqu'à ce qu'ils deviennent croustillants et dorés.

Ragoût de poulet aux œufs

Vous en portez 4

30 ml/2 cuillères à soupe d'huile d'arachide (cacahuète).
4 filets de poitrine de poulet, coupés en lanières
1 poivron rouge, coupé en lanières
1 poivron vert, coupé en lanières
45 ml/3 cuillères à soupe de sauce soja
45 ml/3 cuillères à soupe de vin de riz ou de xérès sec
250 ml/8 fl oz/1 tasse de bouillon de poulet
100 g de laitue iceberg hachée
5 ml/1 cuillère à café de cassonade
30 ml/2 cuillères à soupe de sauce hoisin
sel et poivre
15 ml/1 cuillère à soupe de farine de maïs (amidon de maïs)
30 ml/2 cuillères à soupe d'eau
4 œufs
30 ml/2 cuillères à soupe de Xérès

Faites chauffer l'huile et faites revenir le poulet et les poivrons jusqu'à ce qu'ils soient dorés. Ajoutez la sauce soja, le vin ou le sherry et le bouillon, portez à ébullition, couvrez et laissez mijoter 30 minutes. Ajouter la laitue, le sucre et la sauce hoisin et assaisonner de sel et de poivre. Mélanger la semoule de maïs et l'eau, ajouter à la sauce et porter à ébullition en remuant. Les œufs sont battus avec du xérès et frits sous forme de fines omelettes. Saupoudrer de sel et de poivre et couper en lanières. Disposer dans un plat de service chaud et verser sur le poulet.

Poulet d'Extrême-Orient

Vous en portez 4

60 ml/4 cuillères à soupe d'huile d'arachide (cacahuètes).

450 g de poulet, coupé en morceaux

2 gousses d'ail, hachées

2,5 ml/½ cuillère à café de sel

2 oignons, hachés

2 morceaux de tige de gingembre hachée

45 ml/3 cuillères à soupe de sauce soja

30 ml/2 cuillères à soupe de sauce hoisin

45 ml/3 cuillères à soupe de vin de riz ou de xérès sec

300 ml/½ cuillère à café/1 ¼ tasse de bouillon de poulet

5 ml/1 cuillère à café de poivre fraîchement moulu

6 œufs durs (à la coque), hachés

15 ml/1 cuillère à soupe de farine de maïs (amidon de maïs)

15 ml/1 cuillère à soupe d'eau

Faites chauffer l'huile et faites frire le poulet jusqu'à ce qu'il soit doré. Ajoutez l'ail, le sel, l'oignon et le gingembre et faites revenir pendant 2 minutes. Ajoutez la sauce soja, la sauce hoisin, le vin ou le xérès, le bouillon et le poivre. Porter à ébullition, couvrir et laisser mijoter 30 minutes. Ajoutez les œufs. Mélangez la semoule de maïs et l'eau et incorporez-la à la sauce. Porter à ébullition et cuire en remuant jusqu'à ce que la sauce épaississe.

Poulet Foo Yung

Vous en portez 4

6 oeufs battus
45 ml/3 cuillères à soupe de farine de maïs (amidon de maïs)
100 g de champignons hachés grossièrement
225 g/8 oz de poitrine de poulet, coupée en dés
1 oignon, finement haché
5 ml/1 cuillère à café de sel
45 ml/3 cuillères à soupe d'huile d'arachide (cacahuète).

Battez les œufs puis ajoutez la fécule de maïs. Mélangez tous les autres ingrédients sauf l'huile. Chauffer l'huile. Versez le mélange dans la poêle, petit à petit, pour former des crêpes d'environ 7,5 cm de diamètre. Cuire jusqu'à ce que le fond soit doré, puis retourner et cuire l'autre côté.

Foo Yung au jambon et au poulet

Vous en portez 4

6 oeufs battus

45 ml/3 cuillères à soupe de farine de maïs (amidon de maïs)

100 g de jambon coupé en dés

225 g/8 oz de poitrine de poulet, coupée en dés

3 oignons nouveaux (oignons), finement hachés

5 ml/1 cuillère à café de sel

45 ml/3 cuillères à soupe d'huile d'arachide (cacahuète).

Battez les œufs puis ajoutez la fécule de maïs. Mélangez tous les autres ingrédients sauf l'huile. Chauffer l'huile. Versez le mélange dans la poêle, petit à petit, pour former des crêpes d'environ 7,5 cm de diamètre. Cuire jusqu'à ce que le fond soit doré, puis retourner et cuire l'autre côté.

Poulet frit au gingembre

Vous en portez 4

1 poulet, coupé en deux
4 tranches de racine de gingembre, écrasées
30 ml/2 cuillères à soupe de vin de riz ou de xérès sec
30 ml/2 cuillères à soupe de sauce soja
5 ml/1 cuillère à café de sucre
l'huile de friture

Placez le poulet dans un bol peu profond. Mélangez le gingembre, le vin ou le xérès, la sauce soja et le sucre, versez sur le poulet et frottez la peau. Laisser mariner 1 heure. Faites chauffer l'huile et faites frire le poulet, moitié à la fois, jusqu'à ce qu'il soit légèrement coloré. Retirez de l'huile et laissez-la refroidir un peu pendant que vous faites chauffer l'huile. Remettez le poulet dans la poêle et faites-le frire jusqu'à ce qu'il soit doré et bien cuit. Bien égoutter avant de servir.

Poulet au Gingembre

Vous en portez 4

225 g/8 oz de poulet, tranché finement

1 blanc d'oeuf

pincée de sel

2,5 ml/½ cuillère à café de semoule de maïs (amidon de maïs)

15 ml/1 cuillère à soupe d'huile d'arachide (cacahuètes).

10 tranches de racine de gingembre

6 champignons, coupés en deux

1 carotte, tranchée

2 oignons nouveaux (oignons), tranchés

5 ml/1 cuillère à café de vin de riz ou de xérès sec

5 ml/1 cuillère à café d'eau

2,5 ml/½ cuillère à café d'huile de sésame

Mélangez le poulet avec le blanc d'œuf, le sel et la fécule de maïs. Faites chauffer la moitié de l'huile et faites frire le poulet jusqu'à ce qu'il soit légèrement doré, puis retirez-le de la poêle. Faites chauffer le reste de l'huile et faites revenir le gingembre, les champignons, la carotte et l'oignon nouveau pendant 3 minutes. Remettez le poulet dans la poêle avec le vin ou le xérès et l'eau et faites cuire jusqu'à ce que le poulet soit tendre. Il est servi arrosé d'huile de sésame.

Poulet au gingembre, champignons et châtaignes

Vous en portez 4

60 ml/4 cuillères à soupe d'huile d'arachide (cacahuètes).

225 g d'oignon tranché

450 g de poulet, coupé en dés

100 g de champignons tranchés

30 ml/2 cuillères à soupe de farine nature (tout usage).

60 ml/4 cuillères à soupe de sauce soja

10 ml/2 cuillères à café de sucre

sel et poivre fraîchement moulu

900 ml/1½ pt/3¾ tasses d'eau chaude

2 tranches de racine de gingembre, hachées

450 g de châtaignes d'eau

Faites chauffer la moitié de l'huile et faites revenir l'oignon pendant 3 minutes, puis retirez-le de la poêle. Faites chauffer le reste de l'huile et faites frire le poulet jusqu'à ce qu'il soit légèrement doré.

Ajouter les champignons et cuire 2 minutes. Saupoudrer le mélange de farine, puis incorporer la sauce soja, le sucre, le sel et le poivre. Versez l'eau et le gingembre, l'oignon et les châtaignes. Porter à ébullition, couvrir et laisser mijoter 20 minutes. Retirez le couvercle et laissez mijoter jusqu'à ce que la sauce réduise.

Poulet doré

Vous en portez 4

8 petits morceaux de poulet
300 ml/½ cuillère à café/1¼ tasse de bouillon de poulet
45 ml/3 cuillères à soupe de sauce soja
15 ml/1 cuillère à soupe de vin de riz ou de xérès sec
5 ml/1 cuillère à café de sucre
1 racine de gingembre tranchée, hachée

Mettez tous les ingrédients dans une grande casserole, portez à ébullition, couvrez et laissez mijoter environ 30 minutes jusqu'à ce que le poulet soit cuit. Retirez le couvercle et laissez mijoter jusqu'à ce que la sauce réduise.

Ragoût de poulet doré mariné

Vous en portez 4

4 morceaux de poulet
300 ml/½ pt/1¼ tasse de sauce soja
l'huile de friture
4 oignons nouveaux (oignons), tranchés épaissement
1 tranche de racine de gingembre, hachée
2 piments rouges, tranchés
3 tranches d'anis étoilé
50 g de pousses de bambou, tranchées
150 ml/1½ pct/½ tasse pleine de bouillon de poulet
30 ml/2 cuillères à soupe de farine de maïs (amidon de maïs)
60 ml/4 cuillères à soupe d'eau
5 ml/1 cuillère à café d'huile de sésame

Coupez le poulet en gros morceaux et faites-le mariner dans la sauce soja pendant 10 minutes. Retirer et égoutter en réservant la sauce soja. Faites chauffer l'huile et faites frire le poulet pendant environ 2 minutes jusqu'à ce qu'il soit doré. Retirer et égoutter.

Versez tout sauf 30 ml/2 cuillères à soupe d'huile, puis ajoutez l'oignon nouveau, le gingembre, le piment et l'anis étoilé et faites revenir pendant 1 minute. Remettez le poulet dans la poêle avec les pousses de bambou et la sauce soja réservée et ajoutez suffisamment de bouillon pour couvrir le poulet. Porter à ébullition et laisser mijoter environ 10 minutes jusqu'à ce que le poulet soit tendre. Retirez le poulet de la sauce avec une écumoire et disposez-le sur une assiette chauffée. Filtrez la sauce puis remettez-la dans la poêle. Mélangez la semoule de maïs et l'eau jusqu'à obtenir une pâte,

Pièces d'or

Vous en portez 4

4 filets de poitrine de poulet
30 ml/2 cuillères à soupe de miel
30 ml/2 cuillères à soupe de vinaigre de vin
30 ml/2 cuillères à soupe de ketchup aux tomates (catsup)
30 ml/2 cuillères à soupe de sauce soja
pincée de sel
2 gousses d'ail, hachées
5 ml/1 cuillère à café de poudre de cinq épices
45 ml/3 cuillères à soupe de farine nature (tout usage).
2 oeufs battus
5 ml/1 cuillère à café de racine de gingembre râpée
5 ml/1 cuillère à café de zeste de citron râpé
100 g/4 oz/1 tasse de chapelure sèche
l'huile de friture

Placer le poulet dans un bol. Mélangez le miel, le vinaigre de vin, le ketchup, la sauce soja, le sel, l'ail et la poudre de cinq épices.

Verser sur le poulet, bien mélanger, couvrir et laisser mariner au réfrigérateur 12 heures.

Retirez le poulet de la marinade et coupez-le en lanières de l'épaisseur d'un doigt. Saupoudrer de farine. Battez les œufs, le gingembre et le zeste de citron. Enrober le poulet du mélange puis de la chapelure jusqu'à ce qu'il soit uniformément enrobé. Faites chauffer l'huile et faites frire le poulet jusqu'à ce qu'il soit doré.

Poulet vapeur au jambon

Vous en portez 4

4 portions de poulet
100 g de jambon fumé, haché
3 oignons nouveaux (oignons), hachés
15 ml/1 cuillère à soupe d'huile d'arachide (cacahuètes).
sel et poivre fraîchement moulu
15 ml/1 cuillère à soupe de persil plat

Coupez les portions de poulet en morceaux de 5 cm/1 et placez-les dans un bol allant au four avec le jambon et les oignons nouveaux. Arroser d'huile et assaisonner de sel et de poivre, puis mélanger délicatement. Placez le plat sur une grille dans un cuiseur vapeur, couvrez et faites cuire à la vapeur sur de l'eau bouillante pendant environ 40 minutes jusqu'à ce que le poulet soit tendre. Ils sont servis garnis de persil.

Poulet à la sauce Hoisin

Vous en portez 4

4 portions de poulet, coupées en deux
50 g/2 oz/½ tasse de semoule de maïs (amidon de maïs)
l'huile de friture
10 ml/2 cuillères à café de racine de gingembre râpée
2 oignons, hachés
225 g de fleurons de brocoli
1 poivron rouge, haché
225 g de champignons de Paris
250 ml/8 fl oz/1 tasse de bouillon de poulet
45 ml/3 cuillères à soupe de vin de riz ou de xérès sec
45 ml/3 cuillères à soupe de vinaigre de cidre
45 ml/3 cuillères à soupe de sauce hoisin
20 ml/4 cuillères à café de sauce soja

Enrober les morceaux de poulet avec la moitié de la semoule de maïs. Faites chauffer l'huile et faites frire les morceaux de poulet quelques-uns à la fois pendant environ 8 minutes jusqu'à ce qu'ils soient dorés et bien cuits. Retirer de la poêle et égoutter sur du papier absorbant. Retirez tout sauf 30 ml/2 cuillères à soupe d'huile de la poêle et faites revenir le gingembre pendant 1 minute. Ajouter l'oignon et faire revenir 1 minute. Ajouter le brocoli, le poivron et les champignons et faire revenir 2 minutes. Mélangez le bouillon avec la crème réservée et le reste des ingrédients et ajoutez-le à la poêle. Porter à ébullition en remuant et cuire jusqu'à ce que la sauce soit claire. Remettez le poulet dans le wok et faites cuire en remuant jusqu'à ce qu'il soit bien chaud, environ 3 minutes.

Poulet au miel

Vous en portez 4

30 ml/2 cuillères à soupe d'huile d'arachide (cacahuète).
4 morceaux de poulet
30 ml/2 cuillères à soupe de sauce soja
120 ml/4 fl oz/½ tasse de vin de riz ou de xérès sec
30 ml/2 cuillères à soupe de miel
5 ml/1 cuillère à café de sel
1 oignon nouveau (oignon), haché
1 tranche de racine de gingembre, hachée finement

Faites chauffer l'huile et faites frire le poulet jusqu'à ce qu'il soit doré de tous les côtés. Égoutter l'excès d'huile. Mélangez les autres ingrédients et versez dans la poêle. Porter à ébullition, couvrir et laisser mijoter environ 40 minutes jusqu'à ce que le poulet soit bien cuit.

poulet "Kung Pao

Vous en portez 4

450 g de poulet, coupé en dés

1 blanc d'oeuf

5 ml/1 cuillère à café de sel

30 ml/2 cuillères à soupe de farine de maïs (amidon de maïs)

60 ml/4 cuillères à soupe d'huile d'arachide (cacahuètes).

25 g de piment rouge séché, pelé

5 ml/1 cuillère à café d'ail émincé

15 ml/1 cuillère à soupe de sauce soja

15 ml/1 cuillère à soupe de vin de riz ou de xérès sec 5 ml/1 cuillère à soupe de sucre

5 ml/1 cuillère à café de vinaigre de vin

5 ml/1 cuillère à café d'huile de sésame

30 ml/2 cuillères à soupe d'eau

Mettez le poulet dans un bol avec le blanc d'œuf, le sel et la moitié de la fécule de maïs et laissez mariner 30 minutes. Faites chauffer l'huile et faites revenir le poulet jusqu'à ce qu'il soit légèrement doré, puis retirez-le de la poêle. Faites chauffer l'huile et faites revenir le piment et l'ail pendant 2 minutes. Remettez le poulet dans la poêle avec la sauce soja, le vin ou le xérès, le sucre, le vinaigre de vin et l'huile de sésame et faites revenir 2 minutes. Mélangez le reste de la semoule de maïs avec l'eau, mélangez dans la casserole et faites cuire en remuant jusqu'à ce que la sauce soit claire et épaissie.

Poulet aux poireaux

Vous en portez 4

30 ml/2 cuillères à soupe d'huile d'arachide (cacahuète).
5 ml/1 cuillère à café de sel
225 g de poireau tranché
1 tranche de racine de gingembre, hachée
225 g/8 oz de poulet, tranché finement
15 ml/1 cuillère à soupe de vin de riz ou de xérès sec
15 ml/1 cuillère à soupe de sauce soja

Faites chauffer la moitié de l'huile et faites revenir le sel et les poireaux jusqu'à ce qu'ils soient légèrement dorés, puis retirez-les de la poêle. Faites chauffer le reste de l'huile et faites revenir le gingembre et le poulet jusqu'à ce qu'ils soient légèrement dorés. Ajoutez le vin ou le xérès et la sauce soja et faites sauter encore 2 minutes jusqu'à ce que le poulet soit bien cuit. Placez les poireaux dans la poêle et remuez jusqu'à ce qu'ils soient bien chauds. Sers immédiatement.

Poulet au citron

Vous en portez 4

4 poitrines de poulet désossées

2 oeufs

50 g/2 oz/½ tasse de semoule de maïs (amidon de maïs)

50 g/2 oz/½ tasse de farine nature (tout usage).

150 ml/¼ pt/½ tasse d'eau

huile d'arachide (cacahuètes) pour la friture

250 ml/8 fl oz/1 tasse de bouillon de poulet

60 ml/5 cuillères à soupe de jus de citron

30 ml/2 cuillères à soupe de vin de riz ou de xérès sec

30 ml/2 cuillères à soupe de farine de maïs (amidon de maïs)

30 ml/2 cuillères à soupe de purée de tomates (pâte)

1 tête de laitue

Coupez chaque poitrine de poulet en 4 morceaux. Fouetter ensemble les œufs, la fécule de maïs et la farine, en ajoutant suffisamment d'eau pour obtenir une pâte épaisse. Placez les morceaux de poulet dans la pâte et mélangez jusqu'à ce qu'ils soient complètement enrobés. Faites chauffer l'huile et faites frire le poulet jusqu'à ce qu'il soit doré et cuit.

Pendant ce temps, incorporez le bouillon, le jus de citron, le vin ou le xérès, la crème et la purée de tomates et faites chauffer doucement en remuant jusqu'à ce que le mélange bouillonne. Cuire en remuant constamment jusqu'à ce que la sauce épaississe et clair. Disposez le poulet sur une assiette chaude sur un lit de feuilles de laitue et versez sur la sauce ou servez à côté.

Poulet poêlé au citron

Vous en portez 4

450 g de poulet désossé, tranché

30 ml/2 cuillères à soupe de jus de citron

15 ml/1 cuillère à soupe de sauce soja

15 ml/1 cuillère à soupe de vin de riz ou de xérès sec

30 ml/2 cuillères à soupe de farine de maïs (amidon de maïs)

30 ml/2 cuillères à soupe d'huile d'arachide (cacahuète).

2,5 ml/½ cuillère à café de sel

2 gousses d'ail, hachées

50 g de châtaignes d'eau coupées en lamelles

50 g de pousses de bambou coupées en lanières

quelques feuilles chinoises coupées en lanières

60 ml/4 cuillères à soupe de bouillon de poulet

15 ml/1 cuillère à soupe de purée de tomates (pâte)
15 ml/1 cuillère à soupe de sucre
15 ml/1 cuillère à soupe de jus de citron

Placer le poulet dans un bol. Mélangez le jus de citron, la sauce soja, le vin ou le xérès et 15 ml/1 cuillère à soupe de fécule de maïs, versez sur le poulet et laissez mariner 1 heure en retournant de temps en temps.

Faites chauffer l'huile, le sel et l'ail jusqu'à ce que l'ail soit légèrement doré, puis ajoutez le poulet et la marinade et faites revenir environ 5 minutes jusqu'à ce que le poulet soit légèrement doré. Ajoutez les châtaignes d'eau, les pousses de bambou et les feuilles de Chine et faites sauter encore 3 minutes ou jusqu'à ce que le poulet soit bien cuit. Ajoutez le reste des ingrédients et faites frire pendant environ 3 minutes jusqu'à ce que la sauce soit claire et épaissie.

Foie de volaille aux pousses de bambou

Vous en portez 4

225 g de foie de volaille coupé en tranches épaisses
45 ml/3 cuillères à soupe de vin de riz ou de xérès sec
45 ml/3 cuillères à soupe d'huile d'arachide (cacahuète).
15 ml/1 cuillère à soupe de sauce soja

100 g de pousses de bambou coupées en tranches
100 g de châtaignes d'eau tranchées
60 ml/4 cuillères à soupe de bouillon de poulet
sel et poivre fraîchement moulu

Mélangez les foies de volaille avec le vin ou le xérès et laissez reposer 30 minutes. Faites chauffer l'huile et faites frire les foies de poulet jusqu'à ce qu'ils soient légèrement dorés. Ajoutez la marinade, la sauce soja, les pousses de bambou, les châtaignes d'eau et la soupe. Porter à ébullition et assaisonner de sel et de poivre. Couvrir et laisser mijoter environ 10 minutes jusqu'à tendreté.

Foies de poulet frits

Vous en portez 4

450 g de foie de volaille coupé en deux
50 g/2 oz/½ tasse de semoule de maïs (amidon de maïs)
l'huile de friture

Séchez les foies de poulet, puis saupoudrez-les de semoule de maïs en secouant l'excédent. Faites chauffer l'huile et faites frire les foies de poulet pendant quelques minutes jusqu'à ce qu'ils soient dorés et bien cuits. Égoutter sur du papier absorbant avant de servir.

Foie de volaille aux pois mange-tout

Vous en portez 4

225 g de foie de volaille coupé en tranches épaisses
10 ml/2 cuillères à soupe de farine de maïs (amidon de maïs)
10 ml/2 cuillères à café de vin de riz ou de xérès sec
15 ml/1 cuillère à soupe de sauce soja
45 ml/3 cuillères à soupe d'huile d'arachide (cacahuète).
2,5 ml/½ cuillère à café de sel
2 tranches de racine de gingembre, hachées
100 g de pois mange-tout (petits pois)
10 ml/2 cuillères à soupe de farine de maïs (amidon de maïs)

60 ml/4 cuillères à soupe d'eau

Placer les foies de volaille dans un bol. Ajouter la semoule de maïs, le vin ou le xérès et la sauce soja et bien mélanger pour enrober. Faites chauffer la moitié de l'huile et faites revenir le sel et le gingembre jusqu'à ce qu'ils soient dorés. Ajouter les pois mange-tout et faire revenir jusqu'à ce qu'ils soient bien enrobés d'huile, puis retirer de la poêle. Faites chauffer le reste de l'huile et faites frire les foies de poulet pendant 5 minutes jusqu'à ce qu'ils soient cuits. Mélangez la semoule de maïs et l'eau pour obtenir une pâte, mélangez-la dans la poêle et faites cuire en remuant jusqu'à ce que la sauce soit claire et épaissie. Remettez les pois mange-tout dans la poêle et faites-les cuire jusqu'à ce qu'ils soient bien chauds.

Foie de poulet avec crêpes aux nouilles

Vous en portez 4

30 ml/2 cuillères à soupe d'huile d'arachide (cacahuète).
1 oignon, tranché
450 g de foie de volaille coupé en deux
2 branches de céleri, tranchées
120 ml/4 fl oz/½ tasse de bouillon de poulet
15 ml/1 cuillère à soupe de farine de maïs (amidon de maïs)
15 ml/1 cuillère à soupe de sauce soja

30 ml/2 cuillères à soupe d'eau
crêpe à la pâte

Faites chauffer l'huile et faites revenir l'oignon jusqu'à ce qu'il soit tendre. Ajouter les foies de poulet et faire revenir jusqu'à ce qu'ils soient dorés. Ajouter le céleri et faire revenir 1 minute. Ajouter le bouillon, porter à ébullition, couvrir et laisser mijoter 5 minutes. Mélangez la semoule de maïs, la sauce soja et l'eau pour obtenir une pâte, mélangez dans la poêle et faites cuire en remuant jusqu'à ce que la sauce soit claire et épaissie. Versez le mélange sur la crêpe aux nouilles et servez.

Foie de poulet à la sauce d'huîtres

Vous en portez 4

45 ml/3 cuillères à soupe d'huile d'arachide (cacahuète).
1 oignon, haché
225 g de foie de volaille coupé en deux
100 g de champignons tranchés
30 ml/2 cuillères à soupe de sauce aux huîtres

15 ml/1 cuillère à soupe de sauce soja
15 ml/1 cuillère à soupe de vin de riz ou de xérès sec
120 ml/4 fl oz/½ tasse de bouillon de poulet
5 ml/1 cuillère à café de sucre
15 ml/1 cuillère à soupe de farine de maïs (amidon de maïs)
45 ml/3 cuillères à soupe d'eau

Faites chauffer la moitié de l'huile et faites revenir l'oignon jusqu'à ce qu'il soit tendre. Ajouter les foies de poulet et faire revenir jusqu'à ce qu'ils soient dorés. Ajoutez les champignons et faites revenir 2 minutes. Mélangez la sauce d'huîtres, la sauce soja, le vin ou le xérès, le bouillon et le sucre, versez dans la casserole et portez à ébullition en remuant. Mélangez la semoule de maïs et l'eau pour obtenir une pâte, ajoutez-la à la poêle et faites cuire en remuant jusqu'à ce que la sauce soit claire et épaissie et que les foies soient tendres.

Foie de poulet à l'ananas

Vous en portez 4

225 g de foie de volaille coupé en deux
45 ml/3 cuillères à soupe d'huile d'arachide (cacahuète).
30 ml/2 cuillères à soupe de sauce soja
15 ml/1 cuillère à soupe de farine de maïs (amidon de maïs)
15 ml/1 cuillère à soupe de sucre

15 ml/1 cuillère à soupe de vinaigre de vin
sel et poivre fraîchement moulu
100 g de morceaux d'ananas
60 ml/4 cuillères à soupe de bouillon de poulet

Faire bouillir les foies de volaille dans l'eau bouillante pendant 30 secondes, puis les égoutter. Faites chauffer l'huile et faites frire les foies de poulet pendant 30 secondes. Mélangez la sauce soja, la fécule de maïs, le sucre, le vinaigre de vin, le sel et le poivre, versez dans la poêle et mélangez bien pour enrober les foies de volaille. Ajoutez les morceaux d'ananas et le bouillon et faites revenir environ 3 minutes jusqu'à ce que les foies soient cuits.

Foie de poulet aigre-doux

Vous en portez 4
30 ml/2 cuillères à soupe d'huile d'arachide (cacahuète).
450 g de foie de poulet, coupé en quartiers
2 poivrons verts, coupés en morceaux

4 boîtes de tranches d'ananas, coupées en morceaux
60 ml/4 cuillères à soupe de bouillon de poulet
30 ml/2 cuillères à soupe de farine de maïs (amidon de maïs)
10 ml/2 cuillères à café de sauce soja
100 g/4 oz/½ tasse de sucre
120 ml/4 fl oz/½ tasse de vinaigre de vin
120 ml/4 fl oz/½ tasse d'eau

Faites chauffer l'huile et faites frire les foies jusqu'à ce qu'ils soient légèrement dorés, puis transférez-les dans un plat de service chaud. Ajouter les poivrons dans la poêle et faire revenir 3 minutes. Ajouter l'ananas et le bouillon, porter à ébullition, couvrir et laisser mijoter 15 minutes. Mélangez les autres ingrédients pour obtenir une pâte, mélangez dans la poêle et faites cuire en remuant jusqu'à ce que la sauce épaississe. Verser sur les foies de volaille et servir.

Poulet aux litchis

Vous en portez 4

3 poitrines de poulet
60 ml/4 cuillères à soupe de farine de maïs (amidon de maïs)

45 ml/3 cuillères à soupe d'huile d'arachide (cacahuète).

5 oignons nouveaux (oignons), tranchés

1 poivron rouge, coupé en petits morceaux

120 ml/4 fl oz/½ tasse de sauce tomate

120 ml/4 fl oz/½ tasse de bouillon de poulet

5 ml/1 cuillère à café de sucre

275 g de litchis pelés

Coupez la poitrine de poulet en deux, retirez et jetez les os et la peau. Coupez chaque poitrine en 6. Réservez 5 ml/1 cuillère à café de semoule de maïs et mélangez le poulet avec le reste jusqu'à ce qu'il soit bien enrobé. Faites chauffer l'huile et faites frire le poulet pendant environ 8 minutes jusqu'à ce qu'il soit doré. Ajoutez l'oignon nouveau et le poivron et faites revenir pendant 1 minute. Mélangez la sauce tomate, la moitié du bouillon et le sucre et incorporez le wok avec les litchis. Porter à ébullition, couvrir et laisser mijoter environ 10 minutes jusqu'à ce que le poulet soit bien cuit. Incorporer la semoule de maïs et le bouillon réservé, puis incorporer dans la poêle. Cuire en remuant jusqu'à ce que la sauce soit claire et épaissie.

Poulet à la sauce litchi

Vous en portez 4

225 g de poulet

1 oignon nouveau (oignon)

4 châtaignes d'eau

30 ml/2 cuillères à soupe de farine de maïs (amidon de maïs)

45 ml/3 cuillères à soupe de sauce soja

30 ml/2 cuillères à soupe de vin de riz ou de xérès sec

2 blancs d'œufs

l'huile de friture

Boîte de 400 g de litchis au sirop

5 cuillères à soupe de soupe au poulet

Hachez (hachez) le poulet avec les oignons nouveaux et les châtaignes d'eau. Incorporer la moitié de la semoule de maïs, 30 ml/2 cuillères à soupe de sauce soja, le vin ou le xérès et les blancs d'œufs. Formez avec le mélange des boules de la taille d'une noix. Faites chauffer l'huile et faites frire le poulet jusqu'à ce qu'il soit doré. Égoutter sur du papier absorbant.

Pendant ce temps, faites chauffer doucement le sirop de litchi avec le bouillon et la sauce soja réservée. Mélangez le reste de la semoule de maïs avec un peu d'eau, incorporez-la dans la poêle et faites cuire en remuant jusqu'à ce que la sauce soit claire et épaissie. Incorporer le litchi et cuire pour bien réchauffer. Disposez le poulet sur une assiette chaude, versez dessus les litchis et la salsa et servez immédiatement.

Poulet aux pois mange-tout

Vous en portez 4

225 g/8 oz de poulet, tranché finement
5 ml/1 cuillère à café de farine de maïs (amidon de maïs)
5 ml/1 cuillère à café de vin de riz ou de xérès sec
5 ml/1 cuillère à café d'huile de sésame
1 blanc d'oeuf légèrement battu
45 ml/3 cuillères à soupe d'huile d'arachide (cacahuète).
1 gousse d'ail, écrasée
1 tranche de racine de gingembre, hachée
100 g de pois mange-tout (petits pois)
120 ml/4 fl oz/½ tasse de bouillon de poulet
sel et poivre fraîchement moulu

Mélangez le poulet avec la fécule de maïs, le vin ou le xérès, l'huile de sésame et le blanc d'œuf. Faites chauffer la moitié de l'huile et faites revenir l'ail et le gingembre jusqu'à ce qu'ils soient légèrement dorés. Ajoutez le poulet et faites-le frire jusqu'à ce qu'il soit doré, puis retirez-le de la poêle. Faites chauffer le reste de l'huile et faites revenir les pois mange-tout pendant 2 minutes. Ajouter le bouillon, porter à ébullition, couvrir et laisser mijoter 2 minutes. Remettez le poulet dans la poêle et assaisonnez de sel et de poivre. Faire bouillir jusqu'à ce que le tout soit bien chaud.

Bébé mangue

Vous en portez 4

100 g/4 oz/1 tasse de farine nature (tout usage).

250 ml/8 fl oz/1 tasse d'eau

2,5 ml/½ cuillère à café de sel

levure chimique

3 poitrines de poulet

l'huile de friture

1 tranche de racine de gingembre, hachée

150 ml/¼ pt/½ tasse de bouillon de poulet

45 ml/3 cuillères à soupe de vinaigre de vin

45 ml/3 cuillères à soupe de vin de riz ou de xérès sec

20 ml/4 cuillères à café de sauce soja

10 ml/2 cuillères à café de sucre

10 ml/2 cuillères à soupe de farine de maïs (amidon de maïs)

5 ml/1 cuillère à café d'huile de sésame

5 oignons nouveaux (oignons), tranchés

Boîte de 400 g de mangue, égouttée et tranchée

Mélangez la farine, l'eau, le sel et la levure. Laissez reposer 15 minutes. Retirez et jetez la peau et les os du poulet. Coupez le poulet en fines lanières. Mélangez-les au mélange de farine. Faites chauffer l'huile et faites frire le poulet pendant environ 5 minutes jusqu'à ce qu'il soit doré. Retirer de la poêle et égoutter sur du papier absorbant. Retirez tout l'huile du wok sauf 15 ml/1 cuillère à soupe et faites frire le gingembre jusqu'à ce qu'il soit légèrement doré. Mélangez le bouillon avec le vinaigre de vin, le vin ou le xérès, la sauce soja, le sucre, la crème et l'huile de sésame. Ajouter à la poêle et porter à ébullition en remuant. Ajouter les oignons nouveaux et cuire 3 minutes. Ajouter le poulet et la mangue et cuire 2 minutes en remuant.

Pastèque farcie au poulet

Vous en portez 4

350 g de poulet

6 châtaignes d'eau

2 palourdes décortiquées

4 tranches de racine de gingembre

5 ml/1 cuillère à café de sel

15 ml/1 cuillère à soupe de sauce soja

600 ml/1 pièce/2½ tasses de bouillon de poulet

8 petits ou 4 moyens melons

Hachez finement le poulet, les châtaignes, les palourdes et le gingembre et mélangez-les avec le sel, la sauce soja et le bouillon. Coupez le dessus des melons et retirez les graines. Signez les bords supérieurs. Farcir les cantaloups avec le mélange de poulet et placer sur une grille dans un four à vapeur. Cuire à la vapeur dans l'eau bouillante pendant 40 minutes jusqu'à ce que le poulet soit cuit.

Poulet frit et champignons

Vous en portez 4

45 ml/3 cuillères à soupe d'huile d'arachide (cacahuète).
1 gousse d'ail, écrasée
1 oignon nouveau (oignon), haché
1 tranche de racine de gingembre, hachée
225 g de blanc de poulet coupé en flocons
225 g de champignons de Paris
45 ml/3 cuillères à soupe de sauce soja
15 ml/1 cuillère à soupe de vin de riz ou de xérès sec
5 ml/1 cuillère à café de farine de maïs (amidon de maïs)

Faites chauffer l'huile et faites revenir l'ail, l'oignon nouveau et le gingembre jusqu'à ce qu'ils soient légèrement dorés. Ajouter le poulet et faire revenir 5 minutes. Ajoutez les champignons et faites revenir 3 minutes. Ajoutez la sauce soja, le vin ou le xérès et la semoule de maïs et faites revenir environ 5 minutes jusqu'à ce que le poulet soit bien cuit.

Poulet aux champignons et noisettes

Vous en portez 4

30 ml/2 cuillères à soupe d'huile d'arachide (cacahuète).
2 gousses d'ail, hachées
1 tranche de racine de gingembre, hachée
450 g de poulet désossé, coupé en dés
225 g de champignons de Paris
100 g de pousses de bambou coupées en lanières
1 poivron vert, coupé en dés
1 poivron rouge, coupé en dés
250 ml/8 fl oz/1 tasse de bouillon de poulet
30 ml/2 cuillères à soupe de vin de riz ou de xérès sec
15 ml/1 cuillère à soupe de sauce soja
15 ml/1 cuillère à soupe de sauce Tabasco
30 ml/2 cuillères à soupe de farine de maïs (amidon de maïs)
30 ml/2 cuillères à soupe d'eau

Faites chauffer l'huile, l'ail et le gingembre jusqu'à ce que l'ail soit légèrement doré. Ajouter le poulet et faire revenir jusqu'à ce qu'il soit légèrement doré. Ajoutez les champignons, les pousses de bambou et les poivrons et faites revenir 3 minutes. Ajouter le bouillon, le vin ou le xérès, la sauce soja et la sauce Tabasco et porter à ébullition en remuant. Couvrir et laisser mijoter environ 10 minutes jusqu'à ce que le poulet soit cuit. Mélangez la semoule de maïs et l'eau et incorporez-la à la sauce. Cuire en remuant jusqu'à ce que la sauce soit claire et épaissie, en ajoutant un peu plus de bouillon ou d'eau si la sauce est trop épaisse.

Poulet frit aux champignons

Vous en portez 4

6 champignons chinois séchés
1 poitrine de poulet, tranchée finement
1 tranche de racine de gingembre, hachée
2 oignons nouveaux (oignons), hachés
15 ml/1 cuillère à soupe de farine de maïs (amidon de maïs)
15 ml/1 cuillère à soupe de vin de riz ou de xérès sec
30 ml/2 cuillères à soupe d'eau
2,5 ml/½ cuillère à café de sel
45 ml/3 cuillères à soupe d'huile d'arachide (cacahuète).
225 g de champignons tranchés
100 g de germes de soja
15 ml/1 cuillère à soupe de sauce soja
5 ml/1 cuillère à café de sucre
120 ml/4 fl oz/½ tasse de bouillon de poulet

Faites tremper les champignons dans l'eau tiède pendant 30 minutes, puis égouttez-les. Jetez les tiges et coupez les chapeaux. Placer le poulet dans un bol. Mélangez le gingembre, la ciboule, la fécule de maïs, le vin ou le xérès, l'eau et le sel, ajoutez au poulet et laissez reposer 1 heure. Faites chauffer la moitié de l'huile et faites frire le poulet jusqu'à ce qu'il soit légèrement doré, puis retirez-le de la poêle. Faites chauffer le reste de l'huile et faites revenir les champignons séchés et frais ainsi que les germes de soja pendant 3 minutes. Ajouter la sauce soja, le sucre et le bouillon, porter à ébullition, couvrir et laisser mijoter 4 minutes jusqu'à ce que les légumes soient juste tendres. Remettez le poulet dans la poêle, mélangez bien et réchauffez doucement avant de servir.

Poulet vapeur aux champignons

Vous en portez 4

4 morceaux de poulet
30 ml/2 cuillères à soupe de farine de maïs (amidon de maïs)
30 ml/2 cuillères à soupe de sauce soja
3 oignons nouveaux (oignons), hachés
2 tranches de racine de gingembre, hachées
2,5 ml/½ cuillère à café de sel
100 g de champignons tranchés

Coupez les morceaux de poulet en morceaux de 5 cm/2 et placez-les dans un bol allant au four. Mélangez la semoule de maïs et la sauce soja pour obtenir une pâte, incorporez les oignons nouveaux, le gingembre et le sel et mélangez bien avec le poulet. Incorporer délicatement les champignons. Placez le plat sur une grille dans un cuiseur vapeur, couvrez et faites cuire à la vapeur sur de l'eau bouillante pendant environ 35 minutes, jusqu'à ce que le poulet soit tendre.

Poulet aux oignons

Vous en portez 4

60 ml/4 cuillères à soupe d'huile d'arachide (cacahuètes).
2 oignons, hachés
450 g de poulet, tranché
30 ml/2 cuillères à soupe de vin de riz ou de xérès sec
250 ml/8 fl oz/1 tasse de bouillon de poulet
45 ml/3 cuillères à soupe de sauce soja
30 ml/2 cuillères à soupe de farine de maïs (amidon de maïs)
45 ml/3 cuillères à soupe d'eau

Faites chauffer l'huile et faites revenir l'oignon jusqu'à ce qu'il soit légèrement doré. Ajouter le poulet et faire revenir jusqu'à ce qu'il soit légèrement doré. Ajoutez le vin ou le xérès, le bouillon et la sauce soja, portez à ébullition, couvrez et laissez mijoter 25 minutes jusqu'à ce que le poulet soit tendre. Mélangez la semoule de maïs et l'eau pour obtenir une pâte, mélangez-la dans la poêle et faites cuire en remuant jusqu'à ce que la sauce soit claire et épaissie.

Poulet à l'orange et au citron

Vous en portez 4

350 g de poulet, coupé en lanières

30 ml/2 cuillères à soupe d'huile d'arachide (cacahuète).

2 gousses d'ail, hachées

2 tranches de racine de gingembre, hachées

zeste râpé d'une ½ orange

le zeste râpé d'un demi citron

45 ml/3 cuillères à soupe de jus d'orange

45 ml/3 cuillères à soupe de jus de citron

15 ml/1 cuillère à soupe de sauce soja

3 oignons nouveaux (oignons), hachés

15 ml/1 cuillère à soupe de farine de maïs (amidon de maïs)

45 ml/1 cuillère à soupe d'eau

Faites bouillir le poulet dans l'eau bouillante pendant 30 secondes, puis égouttez-le. Faites chauffer l'huile et faites revenir l'ail et le gingembre pendant 30 secondes. Ajoutez le zeste et le jus d'orange et de citron, la sauce soja et l'oignon nouveau et faites revenir 2 minutes. Ajouter le poulet et cuire quelques minutes jusqu'à ce que le poulet soit tendre. Mélangez la semoule de maïs et l'eau pour obtenir une pâte, ajoutez-la à la poêle et faites cuire en remuant jusqu'à ce que la sauce épaississe.

Poulet à la sauce d'huîtres

Vous en portez 4

30 ml/2 cuillères à soupe d'huile d'arachide (cacahuète).
1 gousse d'ail, écrasée
1 tranche de gingembre finement hachée
450 g de poulet, tranché
250 ml/8 fl oz/1 tasse de bouillon de poulet
30 ml/2 cuillères à soupe de sauce aux huîtres
15 ml/1 cuillère à soupe de vin de riz ou de xérès
5 ml/1 cuillère à café de sucre

Faites chauffer l'huile avec l'ail et le gingembre et faites-les revenir jusqu'à ce qu'ils soient dorés. Ajouter le poulet et faire revenir environ 3 minutes jusqu'à ce qu'il soit légèrement doré. Ajouter le bouillon, la sauce aux huîtres, le vin ou le xérès et le sucre, porter à ébullition en remuant, puis couvrir et laisser mijoter environ 15 minutes, en remuant de temps en temps, jusqu'à ce que le poulet soit bien cuit. Retirez le couvercle et poursuivez la cuisson en remuant pendant environ 4 minutes jusqu'à ce que la sauce réduise et épaississe.

Paquets de poulet

Vous en portez 4

225 g de poulet

30 ml/2 cuillères à soupe de vin de riz ou de xérès sec

30 ml/2 cuillères à soupe de sauce soja

papier ciré ou papier sulfurisé

30 ml/2 cuillères à soupe d'huile d'arachide (cacahuète).

l'huile de friture

Coupez le poulet en cubes de 5 cm/2. Mélangez le vin ou le xérès et la sauce soja, versez sur le poulet et mélangez bien. Couvrir et laisser reposer 1 heure en remuant de temps en temps. Coupez le papier en carrés de 10 cm/4 et badigeonnez d'huile. Bien égoutter le poulet. Placez une feuille de papier sur votre plan de travail avec un coin face à vous. Placez un morceau de poulet sur le carré juste en dessous du centre, pliez le coin inférieur et repliez à nouveau pour enfermer le poulet. Pliez sur le côté, puis pliez le coin supérieur pour sécuriser le paquet. Faites chauffer l'huile et faites frire les boulettes de poulet pendant environ 5 minutes jusqu'à ce qu'elles soient cuites. Servir chaud dans des sachets que les invités pourront ouvrir.

Poulet aux noisettes

Vous en portez 4

225 g/8 oz de poulet, tranché finement
1 blanc d'oeuf légèrement battu
10 ml/2 cuillères à soupe de farine de maïs (amidon de maïs)
45 ml/3 cuillères à soupe d'huile d'arachide (cacahuète).
1 gousse d'ail, écrasée
1 tranche de racine de gingembre, hachée
2 poireaux, hachés
30 ml/2 cuillères à soupe de sauce soja
15 ml/1 cuillère à soupe de vin de riz ou de xérès sec
100 g de cacahuètes grillées

Mélangez le poulet avec le blanc d'œuf et la crème jusqu'à ce qu'il soit bien enrobé. Faites chauffer la moitié de l'huile et faites frire le poulet jusqu'à ce qu'il soit doré, puis retirez-le de la poêle. Faites chauffer le reste de l'huile et faites revenir l'ail et le gingembre jusqu'à ce qu'ils soient tendres. Ajouter les poireaux et faire revenir jusqu'à ce qu'ils soient légèrement dorés. Incorporer la sauce soja et le vin ou le xérès et laisser mijoter pendant 3 minutes. Remettez le poulet dans la poêle avec les cacahuètes et faites cuire doucement jusqu'à ce qu'il soit bien chaud.

Poulet au beurre de cacahuète

Vous en portez 4

4 poitrines de poulet, coupées en cubes
sel et poivre fraîchement moulu
5 ml/1 cuillère à café de poudre de cinq épices
45 ml/3 cuillères à soupe d'huile d'arachide (cacahuète).
1 oignon, coupé en dés
2 carottes, coupées en dés
1 branche de céleri, coupée en dés
300 ml/½ cuillère à café/1¼ tasse de bouillon de poulet
10 ml/2 cuillères à soupe de purée de tomates (pâte)
100 g de beurre de cacahuète

15 ml/1 cuillère à soupe de sauce soja
10 ml/2 cuillères à soupe de farine de maïs (amidon de maïs)
cassonade en poudre
15 ml/1 cuillère à soupe de ciboulette hachée

Assaisonnez le poulet avec du sel, du poivre et de la poudre aux cinq épices. Faites chauffer l'huile et faites frire le poulet jusqu'à ce qu'il soit tendre. Retirer de la poêle. Ajouter les légumes et faire revenir jusqu'à ce qu'ils soient tendres mais toujours croquants. Mélangez le bouillon avec les autres ingrédients, sauf la ciboulette, mélangez dans la casserole et portez à ébullition. Remettez le poulet dans la poêle et faites-le chauffer en remuant. Il est servi saupoudré de sucre.

Poulet aux petits pois

Vous en portez 4
60 ml/4 cuillères à soupe d'huile d'arachide (cacahuètes).
1 oignon, haché
450 g de poulet, coupé en dés
sel et poivre fraîchement moulu
100 g de petits pois
2 branches de céleri, hachées
100 g de champignons hachés
250 ml/8 fl oz/1 tasse de bouillon de poulet

15 ml/1 cuillère à soupe de farine de maïs (amidon de maïs)
15 ml/1 cuillère à soupe de sauce soja
60 ml/4 cuillères à soupe d'eau

Faites chauffer l'huile et faites revenir l'oignon jusqu'à ce qu'il soit légèrement doré. Ajouter le poulet et faire revenir jusqu'à ce qu'il soit coloré. Assaisonner de sel et de poivre, ajouter les petits pois, le céleri et les champignons et bien mélanger. Ajouter le bouillon, porter à ébullition, couvrir et laisser mijoter 15 minutes. Mélangez la semoule de maïs, la sauce soja et l'eau pour obtenir une pâte, ajoutez-la à la poêle et faites cuire en remuant jusqu'à ce que la sauce soit claire et épaissie.

Poulet laqué

Vous en portez 4

4 portions de poulet
sel et poivre fraîchement moulu
5 ml/1 cuillère à café de sucre
1 oignon nouveau (oignon), haché
1 tranche de racine de gingembre, hachée
15 ml/1 cuillère à soupe de sauce soja
15 ml/1 cuillère à soupe de vin de riz ou de xérès sec

15 ml/1 cuillère à soupe de farine de maïs (amidon de maïs)
l'huile de friture

Placez les portions de poulet dans un bol peu profond et saupoudrez de sel et de poivre. Mélangez le sucre, la ciboule, le gingembre, la sauce soja et le vin ou le xérès, mélangez avec le poulet, couvrez et laissez mariner 3 heures. Égouttez le poulet et saupoudrez-le de fécule de maïs. Faites chauffer l'huile et faites frire le poulet jusqu'à ce qu'il soit doré et cuit. Bien égoutter avant de servir.

Poulet aux poivrons

Vous en portez 4

60 ml/4 cuillères à soupe de sauce soja
45 ml/3 cuillères à soupe de vin de riz ou de xérès sec
45 ml/3 cuillères à soupe de farine de maïs (amidon de maïs)
450 g/1 lb de poulet, émincé (haché)
60 ml/4 cuillères à soupe d'huile d'arachide (cacahuètes).
2,5 ml/½ cuillère à café de sel
2 gousses d'ail, hachées
2 poivrons rouges, coupés en dés

1 poivron vert, coupé en dés
5 ml/1 cuillère à café de sucre
300 ml/½ cuillère à café/1¼ tasse de bouillon de poulet

Incorporer la moitié de la sauce soja, la moitié du vin ou du xérès et la moitié de la fécule de maïs. Versez sur le poulet, mélangez bien et laissez mariner au moins 1 heure. Faites chauffer la moitié de l'huile avec le sel et l'ail jusqu'à ce qu'ils soient légèrement dorés. Ajoutez le poulet et la marinade et faites revenir environ 4 minutes jusqu'à ce que le poulet devienne blanc, puis retirez-le de la poêle. Ajoutez le reste de l'huile dans la poêle et faites revenir les poivrons pendant 2 minutes. Ajoutez le sucre dans la poêle avec le reste de la sauce soja, le vin ou le xérès et la fécule de maïs et mélangez bien. Ajouter le bouillon, porter à ébullition, puis cuire en remuant jusqu'à ce que la sauce épaississe. Remettez le poulet dans la poêle, couvrez et laissez cuire 4 minutes jusqu'à ce que le poulet soit bien cuit.

Poulet frit aux poivrons

Vous en portez 4

1 poitrine de poulet, tranchée finement
2 tranches de racine de gingembre, hachées
2 oignons nouveaux (oignons), hachés
15 ml/1 cuillère à soupe de farine de maïs (amidon de maïs)
30 ml/2 cuillères à soupe de vin de riz ou de xérès sec
30 ml/2 cuillères à soupe d'eau
2,5 ml/½ cuillère à café de sel
45 ml/3 cuillères à soupe d'huile d'arachide (cacahuète).

100 g de châtaignes d'eau tranchées
1 poivron rouge, coupé en lanières
1 poivron vert, coupé en lanières
1 poivron jaune, coupé en lanières
30 ml/2 cuillères à soupe de sauce soja
120 ml/4 fl oz/½ tasse de bouillon de poulet

Placer le poulet dans un bol. Mélangez le gingembre, la ciboule, la fécule de maïs, le vin ou le xérès, l'eau et le sel, ajoutez au poulet et laissez reposer 1 heure. Faites chauffer la moitié de l'huile et faites frire le poulet jusqu'à ce qu'il soit légèrement doré, puis retirez-le de la poêle. Faites chauffer le reste de l'huile et faites revenir les châtaignes et les poivrons pendant 2 minutes. Ajouter la sauce soja et le bouillon, porter à ébullition, couvrir et laisser mijoter 5 minutes jusqu'à ce que les légumes soient juste tendres. Remettez le poulet dans la poêle, mélangez bien et réchauffez doucement avant de servir.

Poulet et ananas

Vous en portez 4

30 ml/2 cuillères à soupe d'huile d'arachide (cacahuète).

5 ml/1 cuillère à café de sel

2 gousses d'ail, hachées

450 g de poulet désossé, tranché finement

2 oignons, tranchés

100 g de châtaignes d'eau tranchées

100 g de morceaux d'ananas

30 ml/2 cuillères à soupe de vin de riz ou de xérès sec

450 ml/¾ pour/2 tasses de soupe au poulet
5 ml/1 cuillère à café de sucre
poivre fraîchement moulu
30 ml/2 cuillères à soupe de jus d'ananas
30 ml/2 cuillères à soupe de sauce soja
30 ml/2 cuillères à soupe de farine de maïs (amidon de maïs)

Faites chauffer l'huile, le sel et l'ail jusqu'à ce que l'ail soit légèrement doré. Ajouter le poulet et faire revenir 2 minutes. Ajoutez l'oignon, les châtaignes d'eau et l'ananas et faites revenir 2 minutes. Ajoutez le vin ou le xérès, le bouillon et le sucre et assaisonnez de poivre. Porter à ébullition, couvrir et laisser mijoter 5 minutes. Mélangez le jus d'ananas, la sauce soja et la fécule de maïs. Incorporer dans la poêle et cuire en remuant jusqu'à ce que la sauce épaississe et clair.

Poulet à l'ananas et litchi

Vous en portez 4

30 ml/2 cuillères à soupe d'huile d'arachide (cacahuète).
225 g/8 oz de poulet, tranché finement
1 tranche de racine de gingembre, hachée
15 ml/1 cuillère à soupe de sauce soja
15 ml/1 cuillère à soupe de vin de riz ou de xérès sec
200 g de morceaux d'ananas en conserve au sirop

Boîte de 200 g de litchis au sirop
15 ml/1 cuillère à soupe de farine de maïs (amidon de maïs)

Faites chauffer l'huile et faites frire le poulet jusqu'à ce qu'il soit légèrement coloré. Ajoutez la sauce soja et le vin ou le xérès et mélangez bien. Mesurez 250 ml/8 fl oz/1 tasse de sirop d'ananas litchi mélangé et réservez 30 ml/2 c. Ajoutez le reste dans la poêle, portez à ébullition et laissez cuire quelques minutes jusqu'à ce que le poulet soit tendre. Ajoutez les morceaux d'ananas et le litchi. Mélangez la semoule de maïs avec le sirop réservé, incorporez dans la poêle et faites cuire en remuant jusqu'à ce que la sauce soit claire et épaissie.

Poulet au Porc

Vous en portez 4

1 poitrine de poulet, tranchée finement
100 g de porc maigre, tranché finement
60 ml/4 cuillères à soupe de sauce soja
15 ml/1 cuillère à soupe de farine de maïs (amidon de maïs)
1 blanc d'oeuf
45 ml/3 cuillères à soupe d'huile d'arachide (cacahuète).
3 tranches de racine de gingembre hachées
50 g de pousses de bambou, tranchées
225 g de champignons tranchés

225 g/8 oz de feuilles chinoises, hachées
120 ml/4 fl oz/½ tasse de bouillon de poulet
30 ml/2 cuillères à soupe d'eau

Incorporer le poulet et le porc. Mélangez la sauce soja, 5 ml/1 cuillère à soupe de fécule de maïs et le blanc d'œuf et incorporez au poulet et au porc. Laissez reposer 30 minutes. Faites chauffer la moitié de l'huile et faites frire le poulet et le porc jusqu'à ce qu'ils soient légèrement dorés, puis retirez-les de la poêle. Faites chauffer le reste de l'huile et faites frire le gingembre, les pousses de bambou, les champignons et les feuilles de Chine jusqu'à ce qu'ils soient bien enrobés d'huile. Ajouter le bouillon et porter à ébullition. Placer le mélange de poulet dans la poêle, couvrir et cuire environ 3 minutes jusqu'à ce que la viande soit tendre. Mélangez le reste de la semoule de maïs en une pâte avec de l'eau, incorporez-la à la sauce et faites cuire en remuant jusqu'à ce que la sauce épaississe. Sers immédiatement.

Ragoût de poulet aux pommes de terre

Vous en portez 4

4 morceaux de poulet
45 ml/3 cuillères à soupe d'huile d'arachide (cacahuète).
1 oignon, tranché
1 gousse d'ail, écrasée

2 tranches de racine de gingembre, hachées
450 ml/¾ pour/2 tasses d'eau
45 ml/3 cuillères à soupe de sauce soja
15 ml/1 cuillère à soupe de cassonade
2 pommes de terre en dés

Coupez le poulet en morceaux de 5 cm/2. Faites chauffer l'huile et faites revenir l'oignon, l'ail et le gingembre jusqu'à ce qu'ils soient légèrement dorés. Ajouter le poulet et faire revenir jusqu'à ce qu'il soit légèrement doré. Ajouter l'eau et la sauce soja et porter à ébullition. Ajoutez le sucre, couvrez et laissez cuire environ 30 minutes. Ajouter les pommes de terre dans la poêle, couvrir et laisser mijoter encore 10 minutes jusqu'à ce que le poulet soit tendre et que les pommes de terre soient bien cuites.

Poulet aux cinq épices et pommes de terre

Vous en portez 4

45 ml/3 cuillères à soupe d'huile d'arachide (cacahuète).
450 g de poulet, coupé en morceaux
sel
45 ml/3 cuillères à soupe de pâte de haricots jaunes
45 ml/3 cuillères à soupe de sauce soja
5 ml/1 cuillère à café de sucre
5 ml/1 cuillère à café de poudre de cinq épices

1 pomme de terre, coupée en dés

450 ml/¾ pour/2 tasses de soupe au poulet

Faites chauffer l'huile et faites frire le poulet jusqu'à ce qu'il soit légèrement doré. Saupoudrez de sel, puis ajoutez la pâte de haricots, la sauce soja, le sucre et la poudre de cinq épices et faites revenir 1 minute. Ajouter la pomme de terre et bien mélanger, puis ajouter le bouillon, porter à ébullition, couvrir et laisser mijoter environ 30 minutes jusqu'à ce qu'elle soit tendre.

Poulet cuit rouge

Vous en portez 4

450 g de poulet, tranché

120 ml/4 fl oz/½ tasse de sauce soja

15 ml/1 cuillère à soupe de sucre

2 tranches de racine de gingembre, hachées finement

90 ml/6 cuillères à soupe de bouillon de poulet

30 ml/2 cuillères à soupe de vin de riz ou de xérès sec

4 oignons nouveaux (oignons verts), tranchés

Mettez tous les ingrédients dans une casserole et portez à ébullition. Couvrir et laisser mijoter environ 15 minutes jusqu'à ce que le poulet soit cuit. Retirez le couvercle et poursuivez la cuisson environ 5 minutes en remuant de temps en temps jusqu'à ce que la sauce épaississe. Il est servi parsemé d'oignons nouveaux.

Boulettes de poulet

Vous en portez 4

225 g/8 oz de poulet, émincé (haché)

3 châtaignes d'eau hachées

1 oignon nouveau (oignon), haché

1 tranche de racine de gingembre, hachée

2 blancs d'œufs

5 ml/2 cuillères à café de sel

5 ml/1 cuillère à café de poivre fraîchement moulu

120 ml/4 fl oz/½ tasse d'huile d'arachide (cacahuète).
5 ml/1 cuillère à café de jambon haché

Mélangez le poulet, les châtaignes, le demi-oignon nouveau, le gingembre, les blancs d'œufs, le sel et le poivre. Former des boules et aplatir. Faites chauffer l'huile et faites frire les boulettes de viande jusqu'à ce qu'elles soient dorées, en les retournant une fois. Il est servi saupoudré du reste d'oignon et de jambon.

Poulet salé

Vous en portez 4

30 ml/2 cuillères à soupe d'huile d'arachide (cacahuète).
4 morceaux de poulet
3 oignons nouveaux (oignons), hachés
2 gousses d'ail, hachées
1 tranche de racine de gingembre, hachée
120 ml/4 fl oz/½ tasse de sauce soja
30 ml/2 cuillères à soupe de vin de riz ou de xérès sec
30 ml/2 cuillères à soupe de cassonade

5 ml/1 cuillère à café de sel
375 ml/13 fl oz/1½ tasse d'eau
15 ml/1 cuillère à soupe de farine de maïs (amidon de maïs)

Faites chauffer l'huile et faites frire les morceaux de poulet jusqu'à ce qu'ils soient dorés. Ajouter l'oignon nouveau, l'ail et le gingembre et faire revenir pendant 2 minutes. Ajoutez la sauce soja, le vin ou le xérès, le sucre et le sel et mélangez bien. Ajouter l'eau et porter à ébullition, couvrir et laisser mijoter 40 minutes. Mélangez la fécule de maïs avec un peu d'eau, ajoutez-la à la sauce et faites cuire en remuant jusqu'à ce que la sauce soit claire et épaissie.

Poulet à l'huile de sésame

Vous en portez 4

90 ml/6 cuillères à soupe d'huile d'arachide (cacahuète).
60 ml/4 cuillères à soupe d'huile de sésame
5 tranches de racine de gingembre
4 morceaux de poulet
600 ml/1 pt/2½ tasses de vin de riz ou de xérès sec
5 ml/1 cuillère à café de sucre
sel et poivre fraîchement moulu

Faites chauffer les huiles et faites revenir le gingembre et le poulet jusqu'à ce qu'ils soient légèrement dorés. Ajoutez le vin ou le xérès et assaisonnez avec du sucre, du sel et du poivre. Porter à ébullition et laisser mijoter à découvert jusqu'à ce que le poulet soit tendre et que la sauce ait réduit. Servir dans des bols.

Poulet Xérès

Vous en portez 4

30 ml/2 cuillères à soupe d'huile d'arachide (cacahuète).
4 morceaux de poulet
120 ml/4 fl oz/½ tasse de sauce soja
500 ml/17 fl oz/2¼ tasses de vin de riz ou de xérès sec
30 ml/2 cuillères à soupe de sucre
5 ml/1 cuillère à café de sel
2 gousses d'ail, hachées
1 tranche de racine de gingembre, hachée

Faites chauffer l'huile et faites frire le poulet jusqu'à ce qu'il soit doré de tous les côtés. Égoutter l'excès d'huile et ajouter tous les autres ingrédients. Portez à ébullition, couvrez et laissez mijoter à feu assez vif pendant 25 minutes. Réduire le feu et laisser mijoter encore 15 minutes jusqu'à ce que le poulet soit bien cuit et que la sauce ait réduit.

Poulet à la sauce soja

Vous en portez 4

350 g/12 oz de poulet, coupé en dés
2 oignons nouveaux (oignons), hachés
3 tranches de racine de gingembre hachées
15 ml/1 cuillère à soupe de farine de maïs (amidon de maïs)
30 ml/2 cuillères à soupe de vin de riz ou de xérès sec
30 ml/2 cuillères à soupe d'eau
45 ml/3 cuillères à soupe d'huile d'arachide (cacahuète).
60 ml/4 cuillères à soupe de sauce soja épaisse

5 ml/1 cuillère à café de sucre

Mélangez le poulet, l'oignon nouveau, le gingembre, la semoule de maïs, le vin ou le xérès et l'eau et laissez reposer 30 minutes en remuant de temps en temps. Faites chauffer l'huile et faites frire le poulet pendant environ 3 minutes jusqu'à ce qu'il soit légèrement doré. Ajoutez la sauce soja et le sucre et faites sauter pendant environ 1 minute jusqu'à ce que le poulet soit bien cuit et tendre.

Poulet au four épicé

Vous en portez 4

150 ml/¼ pt/ ½ tasse de sauce soja bien remplie

2 gousses d'ail, hachées

50 g/2 oz/¼ tasse de cassonade

1 oignon, finement haché

30 ml/2 cuillères à soupe de purée de tomates (pâte)

1 tranche de citron hachée

1 tranche de racine de gingembre, hachée

45 ml/3 cuillères à soupe de vin de riz ou de xérès sec

4 gros morceaux de poulet

Mélangez tous les ingrédients sauf le poulet. Disposez le poulet dans un plat allant au four, versez le mélange dessus, couvrez et laissez mariner toute la nuit en arrosant de temps en temps. Cuire le poulet dans un four préchauffé à 180°C/350°F/gaz 4 pendant 40 minutes, en le retournant et en l'arrosant de temps en temps. Retirez le couvercle, augmentez la température du four à 200°C/400°F/thermostat 6 et poursuivez la cuisson encore 15 minutes jusqu'à ce que le poulet soit bien cuit.

Poulet aux épinards

Vous en portez 4

100 g de poulet émincé
15 ml/1 cuillère à soupe de graisse de jambon hachée
175 ml/6 fl oz/¾ tasse de bouillon de poulet
3 blancs d'œufs légèrement battus
sel
5 ml/1 cuillère à café d'eau
450 g d'épinards finement hachés
5 ml/1 cuillère à café de farine de maïs (amidon de maïs)
45 ml/3 cuillères à soupe d'huile d'arachide (cacahuète).

Mélanger le poulet, la graisse de bacon, 150 ml/¼ pt/½ tasse de bouillon de poulet, les blancs d'œufs, 5 ml/1 cuillère à café de sel et l'eau. Mélangez les épinards avec le reste de bouillon, une pincée de sel et la fécule de maïs mélangée à un peu d'eau. Faites chauffer la moitié de l'huile, ajoutez le mélange d'épinards dans la poêle et remuez constamment à feu doux jusqu'à ce que le tout soit bien chaud. Transférer dans une assiette chaude et réserver au chaud. Faites chauffer le reste de l'huile et faites frire des cuillerées de mélange de poulet jusqu'à ce qu'elles soient blanches. Disposez les épinards dessus et servez aussitôt.

Rouleaux de printemps au poulet

Vous en portez 4

15 ml/1 cuillère à soupe d'huile d'arachide (cacahuètes).

pincée de sel

1 gousse d'ail, écrasée

225 g/8 oz de poulet, coupé en lanières

100 g de champignons tranchés

175 g de chou haché

100 g de pousses de bambou, déchiquetées

50 g de châtaignes d'eau hachées

100 g de germes de soja

5 ml/1 cuillère à café de sucre

5 ml/1 cuillère à café de vin de riz ou de xérès sec
5 ml/1 cuillère à café de sauce soja
8 peaux de rouleaux de printemps
l'huile de friture

Faites chauffer l'huile, le sel et l'ail et faites revenir doucement jusqu'à ce que l'ail commence à devenir doré. Ajoutez le poulet et les champignons et faites revenir quelques minutes jusqu'à ce que le poulet blanchisse. Ajoutez le chou, les pousses de bambou, les châtaignes d'eau et les germes de soja et faites revenir 3 minutes. Ajoutez le sucre, le vin ou le xérès et la sauce soja, mélangez bien, couvrez et laissez cuire 2 dernières minutes. Versez dans une passoire et laissez égoutter.

Placez quelques cuillerées du mélange de garniture au centre de chaque rouleau de printemps, pliez le fond, repliez les côtés, puis roulez en enveloppant la garniture. Scellez le bord avec un peu de mélange farine-eau et laissez sécher 30 minutes. Faites chauffer l'huile et faites frire les rouleaux de printemps pendant environ 10 minutes jusqu'à ce qu'ils soient croustillants et dorés. Bien égoutter avant de servir.

www.ingramcontent.com/pod-product-compliance
Lightning Source LLC
Chambersburg PA
CBHW071332110526
44591CB00010B/1115